Jonathan Byron's

# DIE WELT IN 60 MINUTEN

DOMINIQUE DUBY

# PHILOSOPHIE

## in 60 Minuten

THIELE VERLAG

# Inhalt

# Intro

Wenn ein Kerl vom Land Probleme hat, so findet der Bauer im Theaterstück *Die Wolken* von Aristophanes (423 v. Chr. aufgeführt), dann kann nur noch ein Philosoph helfen. Denn die Philosophen verstehen sich darauf, die Leute schwindlig zu reden, bis sie einem recht geben. Das sollte man können, um seine Gläubiger zum Schweigen zu bringen! Und wo lernt man so etwas? Natürlich bei Sokrates, dem Weisesten der Weisen! Also macht sich der Bauer auf zu Sokrates' »Denkerbude«. Hoch oben, weit über den sterblichen Besuchern, umgeben von künstlichen Wolken, thront der Philosoph in einer Art Hängematte. Und philosophiert sofort drauflos – über das wahrhaft ernste Thema, warum der Donner nicht vom Gott Zeus bewirkt wird, sondern von den Wolken.

Nein, Philosophie ist nichts Abgehobenes, keineswegs das Metier von Professoren, die nur

Latein oder Griechisch sprechen. In Einführungen liest man meist, was das griechische Wort bedeutet: »Liebe zur Weisheit«. Klingt edel, unterschlägt aber das, was nach dem Großmeister der Philosophie, Sokrates, deren eigentliches Wesen ist: nämlich das Staunen. Mit offenem Mund wie ein Kind vor den alltäglichen Dingen des Lebens stehen. Dazu braucht man keinen Doktortitel.

# Staunen für Anfänger

An der heute türkischen Küste, in Kleinasien lag vor zweitausend Jahren die griechische Stadt Milet. Schüler kennen ihren berühmtesten Einwohner, Thales, aus dem Mathematikunterricht: als Erfinder des Thaleskreises. Bevor er aber etwas erfand, fiel er erst einmal ins Wasser.

Thales liebte es nämlich, den Himmel anzustaunen. Er rechnete an Sonnenfinsternissen herum und beobachtete die Sterne. Wenn man nach oben schaut, sieht man nicht mehr, was vor der eigenen Nase liegt – und platsch, lag der Philosoph in der Pfütze. Eine thrakische Magd, die dabei stand, soll ihn deswegen ausgelacht haben. »Weltfremder Träumer! Hättest du lieber vor deine eigenen Füße geschaut!«

## Auf der Suche nach dem Ursprung

Trotzdem, oder vielleicht gerade deshalb: Thales ist der erste abendländische Philosoph, von dem wir wissen. Der erste, der sich fragte: Woher kommt alles, was auf der Welt ist – und wohin vergeht es wieder? Gibt es eine »Arché« – einen Urstoff oder ein Urprinzip, das Anfang und Ende aller Dinge ist? Thales' Antwort ist – nach dem Erlebnis mit der thrakischen Magd – klar: Diese Arché ist das Wasser. Nach der modernen Evolutionsbiologie, der zufolge alles Leben im Wasser entstanden ist, lag er damit nicht einmal so falsch.

Hätte Thales gewußt, was er lostrat! Denn in der Folge wurde fast eine Manie daraus, den Urstoff des Lebens zu finden: Thales hatte zur Jagd auf die »Arché« geblasen. Die Luft wurde als Urstoff ausgemacht, das Feuer, das Unendliche … die sogenannten Vorsokratiker (weil sie vor oder zeitgleich mit Sokrates lebten, also etwa vom sechsten Jahrhundert v. Chr. bis ins fünfte) begannen als Naturphilosophen, auch wenn ihre »Arché« nicht immer körperlich war. Manche von ihnen haben es bis in die moderne Zitatekiste geschafft: »Alles fließt«, sagte Heraklit. Er meinte: Alles verändert sich ständig. Nichts bleibt, wie es war. Wenn ich in einen Fluß steige, komme ich nicht als derselbe heraus, als der ich hineingestiegen bin. Weil ich ständig unmerklich altere, weil ich Erfahrungen mache, die ich vorher nicht hatte.

## Sokrates

Geschriebenen Worten mißtraute er, deshalb war es sein Schüler Platon, der alles aufschrieb, was wir über Sokrates wissen. Und wie Thales hatte auch er kein Glück mit den Frauen. Seine Gattin hieß Xanthippe (Blondpferdchen), und dieser Name steht bis heute für eine Zicke, die ihrem Mann das Leben zur Hölle macht. Dabei fand Xanthippe nur, daß ihr Gemahl lieber Geld verdienen als auf dem Marktplatz herumstreunen und den Leuten auf die Nerven gehen solle. Aber was will man machen, wenn man mit Sokrates verheiratet ist? Philosophen und Frauen, soviel ist klar, das ist keine Liebesgeschichte.

Sokrates war ein Streuner. Er muß ein wenig heruntergekommen gewirkt haben, vermutlich war er schlecht gekleidet, trotzdem waren in seinem Gefolge meistens ein paar gutaussehende, elegante junge Männer unterwegs. Einer von ihnen war besagter Platon. Diese Jünglinge kamen aus den besten Familien, langweilten sich, und Sokrates taugte in der Tat als Alleinunterhalter.

Er lungerte auf dem Markt herum und sprach jeden an. Fragte ihn, was er über dies oder jenes dachte, am liebsten über Gerechtigkeit, oder die Wahrheit. Die meisten gingen weiter und tippten sich an die Stirn. Die, die stehenblieben, sind unsterblich geworden: Platon hat sie in seinen Dialogen verewigt.

Was Sokrates so faszinierend machte, war eigentlich genau das Gegenteil von dem, was Aristophanes in seinem Theaterstück an ihm verspottet. Denn Sokrates nahm kein Geld fürs Philosophieren. Er gab sich auch nicht als der Philosoph in den Wolken, der großzügig dann und wann etwas Weisheit unter die Sterblichen wirft. Im Gegenteil. Der berühmteste Satz, der von ihm überliefert ist, lautet: »Ich weiß, daß ich nicht weiß.« Deshalb nannte ihn das Delphische Orakel den Weisesten aller Weisen – weil er wenigstens wußte, daß er nicht wußte. Selbsterkenntnis ist der erste Schritt zum Guten und zum Wahren.

Wer weiß, was gerecht ist, handelt auch gerecht – davon war Sokrates überzeugt. Die Gespräche auf dem Marktplatz waren für ihn Weltverbesserung. Indem er mit den Leuten diskutierte, half er ihnen, gute Menschen zu werden – glaubte zumindest Sokrates. Die Leute auf der Straße fanden es eher lästig. Außerdem hatten es die Athener gern ordentlich: Frage, Antwort, und dann ab in den Feierabend, ins Theater!

Sokrates, der Held des Nichtwissens, wußte aber: Auf jede Menge Fragen gibt es gar keine Antwort. Er ließ sich von seinen Schülern belehren – so lange, bis diese plötzlich feststellten, daß er klammheimlich die Positionen vertauscht hatte. Denn immer wenn sie glaubten: Jetzt hab ich's! – fand er wieder eine Frage, die eine scheinbar plausible Antwort aushebelte. Irgendwann mußten die Schüler passen: Mit »Ich weiß nicht mehr weiter« endet es daher oft in den frühen Sokrates-Dialogen, die uns Platon überliefert.

Der Philosoph nennt das »Aporie« – nicht mehr weiterwissen.

Sokrates fiel negativ auf. Er engagierte sich in der Volksversammlung. Dabei tat er immer das, was ihm richtig schien, und das war unbequem. Was tun mit dem mißliebigen Philosophen? Einen Stadtstreicher hätte man einfach erschlagen können, aber zu Sokrates' Schülern zählten ja die besagten Jünglinge aus honorigen Häusern. Also zerrte man ihn vor Gericht. Etwas, das immer Eindruck machte, war der Vorwurf der Gottlosigkeit. Und um sicherzugehen, setzte man noch eins drauf: Er verderbe die Jugend.

Der Prozeß im Jahr 399 v. Chr. war ein Event. Sokrates plädierte nicht nur auf Unschuldig. Er forderte auch, wie ein Olympiasieger lebenslang täglich eine warme Mahlzeit zu erhalten – als Dank für seine Verdienste. Statt dessen kam er in den Kerker. Dort reichte man dem Siebzigjährigen einen Becher Schierlingsgift, mit der Bitte, ihn freundlichst zu leeren. Platon beschreibt im Dialog *Phaidon*, wie Sokrates erklärt, warum er sich dem ungerechten Todesurteil beugt: Unrecht tun ist schlimmer als Unrecht leiden – denn Gerechtigkeit ist wichtig für das Seelenheil. Außerdem freue er sich darauf, nach dem Tod im Elysium mit all den Geistesgrößen der Vergangenheit diskutieren zu können. Von der Unsterblichkeit der Seele war Sokrates überzeugt.

# Von Höhlenmenschen, Macht und Liebe

Platon war zu dieser Zeit etwa dreißig Jahre alt und empört über die ungerechte Hinrichtung seines geistigen Vaters. Er kam aus einer Politikerfamilie, und er dachte politisch. Es gab nur eines, zu verhindern, daß so etwas noch einmal geschah: Alle Politiker absetzen und statt dessen die Philosophen regieren lassen! Platon war besessen vom Gedanken der Gerechtigkeit, genau wie Sokrates (überhaupt ist nicht immer leicht zu trennen, was an den Platonischen Dialogen Platon und was Sokrates ist). Da er schon einmal dabei war, entwarf er gleich einen idealen Staat.

## Ein idealer Staat

Platon beschrieb diesen im Dialog *Politeia* (»Der Staat«, um 370). Als mythisches Vorbild diente ihm dabei ein Reich, das sich für so etwas sehr gut eignete, denn niemand wußte genau, ob es überhaupt je existiert hatte: Atlantis (in den Dialogen *Kritias* und *Timaios*). Von Platon stammt die Beschreibung Atlantis', die noch heute durch die Literatur geistert.

Wie aber sollte der ideale Staat aussehen? Die Philosophen, meint Platon, sollen herrschen – besitzlos, ohne eigene Interessen zu verfolgen. Ein Stand von sogenannten »Wächtern« dient als Männer fürs Grobe, er übernimmt das Militär. Bauern und Handwerker schaffen schließlich die ökonomische Grundlage. Für Persönliches ist nicht viel Platz in Platons Visionen: Der Staat führt die richtigen Ehepartner zusammen, um die perfekten Kinder zu züchten. Oder, noch einfacher, die Frauen sind gemeinsamer Besitz der Männer. Oder, am allerbesten, sie werden diesen als Lohn für Verdienste zugeteilt – undenkbar, wenn sich die Falschen fortpflanzen würden! Kinder werden ihren Eltern weggenommen und entsprechend ihren Fähigkeiten erzogen: Wer klug ist, wird Philosoph, wer emotional und tapfer ist, Krieger, wer von Trieben bestimmt ist, Bauer. Wer keine Fähigkeiten hat, hat Pech: Er wird gar nicht aufgezogen. Die durchorganisierte Gerechtigkeit erinnert fatal an einen Überwachungsstaat. Züchtung von Kriegern und Weisen – Platon hielt nicht viel von Demokratie. Weltfremder Philosoph?

## Ideen in der Höhle

Die meisten Philosophen sprechen nicht allzu gerne über Platons politische Visionen. Lieber erzählen sie von der Ideenlehre, die Platon berühmt gemacht hat. Das Grundprinzip von Platons Hauptidee ist eigentlich, wie alle genialen Dinge, sehr einfach. Auch es steht in der *Politeia*: Man stelle sich vor, eine Gruppe von Menschen lebt in einer Höhle. Dabei sitzen sie wie im Kino, alle auf eine große Wand ausgerichtet. An dieser Wand findet tatsächlich so etwas wie Kino statt: Die wirklichen Dinge, die draußen herumlaufen, werfen nämlich ihre Schatten darauf. Die Leute müßten sich nur einmal umdrehen, dann würden sie den richtigen Baum, den richtigen Hund, das richtige Schaf sehen. Aber wer dreht sich im Kino schon um?

Während die Leute also auf die Schatten starren, wird einer von ihnen gezwungen, aus der Höhle herauszukriechen. Draußen scheint die Sonne. Das tut zuerst einmal weh in den Augen, und er sieht anfangs gar nichts. Bis sich die Augen ans Licht gewöhnt haben. Dann ist alles unglaublich! Voller Begeisterung kommt unser Ausflügler zurück in die Höhle und will seine Freunde mit ins Freie bringen. Und was tun die? Sie schnauzen ihn an: Ruhe, wir wollen den Film zu Ende sehen!

Dieses einfache Gleichnis illustriert die vielleicht berühmteste und folgenschwerste Theorie der Philosophiegeschichte: Was wir in der Welt wahrnehmen, sind in Wirklichkeit nur Schatten. Hinter jedem Einzelding steht ein Original, sein unkörperliches, ewiges Urbild: die Idee. Diese zu erkennen, ist die Aufgabe des Philosophen, denn erst dann hat man die Welt begriffen.

Eine Idee ist einerseits der abstrakte Begriff: Ein reales Pferd ist nicht dasselbe wie der Begriff »Pferd«. Denn das reale Pferd ist vielleicht weiß und alt, während der Begriff »Pferd« auch schwarze, junge Pferde umfaßt. Aber die Idee ist auch das unkörperliche Urbild Pferd, von dem alle realen Pferde nur Abbilder sind. Ohne Idee ist die Materie nichts. Sie kann nicht einmal existieren, genausowenig wie ein Schatten existieren kann ohne jemanden, der ihn wirft. Alle Ideen werden von der obersten Idee beherrscht, der des Guten. Sie liegt allem zugrunde, läßt alles entstehen und steht doch über allem, wie die Sonne über der Welt der Materie. Da die Ideen nicht körperlich sind, kann man sie nicht sehen – wohl aber begreifen, denn der Vernunft sind sie zugänglich. Ein bißchen ist das wie Mathematik: Kreisförmige Dinge gibt es in der Welt in Mengen, aber einen Kreis im mathematischen Sinne zu erkennen erfordert mehr: nämlich eine Vernunftanstrengung.

In gewisser Hinsicht kombiniert Platon in der Ideenlehre die Gedanken der Vorsokratiker Heraklit und Parmenides. Heraklit sagt: Alles verändert sich ständig. Stimmt, meint Platon, aber nur in der materiellen Welt. Parmenides sagt: Es gibt nur ein einziges, unveränderliches Sein. Stimmt auch, meint Platon, das gilt aber nur fürs Reich der Ideen. Materielle Welt und Ideenreich hängen zusammen: Die Ideen wirken in der Welt der Materie.

Es ist gar nicht so schwer, die Originale – die Ideen – zu erkennen, meint Platon. Jedes Ding strebt nämlich danach, seine Idee so vollkommen wie möglich zu verwirklichen: Menschen machen sich schön und bilden sich, um vollkommene Menschen zu werden; ein Pferd strebt danach, ein vollkommenes Pferd zu sein. Aber zugegeben – Erkenntnis ist kein Sonntagsspaziergang. Es ist bequemer, in der Höhle sitzen zu bleiben und die Schatten anzustarren. Deshalb haben die meisten Menschen kein Auge für die Ideen.

## Schatten und Wahrheit

Die Sonne im Höhlengleichnis steht für die oberste Idee, das absolute Gute und Schöne: Sie zu sehen ist fast unmöglich und sehr schmerzhaft. Und wenn man nun klüger ist als die in der Höhle Verbliebenen? Wird man dann zum Philosophenkönig gekrönt? Leider nein. Denn nach dem schmerzhaften Erkenntnisweg bezieht man meist von den weniger erleuchteten Zeitgenossen auch noch Prügel. Die Leute wollen lieber das Schattentheater sehen als die Wahrheit. Deshalb bringen sie Sokrates um, deshalb sagt schon Heraklit: »Hoi polloí kakoí« – »Die große Masse ist schlecht«. Es ist nicht besonders nett, so etwas zu sagen, aber typisch Philosoph.

## Was ist denn Liebe?

Wenden wir uns einem erfreulicheren Thema zu: der »platonischen Liebe«! Heutzutage meint man damit Liebe ohne Sex – aber ausgerechnet bei Platon ist von diesem unkörperlichen Aspekt der Liebe gar nichts zu hören!

Bei einem Gastmahl (der Dialog *Symposion* – »Das Gastmahl« – entstand um 380) unterhält man sich über die Liebe. Und ausgerechnet Aristophanes ist es, dem Platon etwas in den Mund legt, wofür ihn die Romantiker dieser Welt lieben.

Wie kommt es, fragt Aristophanes, daß es so etwas wie die Liebe des Lebens gibt? Vielleicht hat jemand seine große Liebe nur einmal kurz kennengelernt. Trotzdem erinnert man sich noch mit Achtzig daran, und man wird vielleicht sogar ein wenig nervös. Das kommt daher: Die Seelen der beiden Liebenden waren ursprünglich eine. Denn ganz früher, in grauer Vorzeit, waren die Menschenseelen eine Art Kugel. Weil sie die Götter erbosten, schlugen die sie in der Mitte entzwei. Jetzt sucht jede Seele ihre andere Hälfte. Wenn sie sie findet, ist es die Liebe ihres Lebens.

Natürlich wäre Platon kein Philosoph, wenn er danach nicht noch Sokrates zu Wort kommen ließe. Und der verbessert: Die Liebe zum Guten und Schönen liegt jeder anderen Liebe zugrunde, auch der körperlichen Lust. Liebe vermittelt zwischen der materiellen Welt und dem unkörperlichen Reich der Ideen, über dem die Idee des Guten und Schönen wohnt. Denn letztlich ist auch der menschliche Drang nach Erkenntnis eine Art Liebe. Sokrates will dies übrigens von einer gelehrten Frau, einer gewissen Diotima, gelernt haben. Für einen Philosophen doch ganz beachtlich.

Der Athener Jugend gefielen diese Gedanken jedenfalls. Platon war ein Prominenter seiner Zeit. Auf einem Grundstück, das ihm gehörte, richtete er eine Philosophie-Schule ein – eine Lebensgemeinschaft von Lehrern und Schülern, eine Art Campus. Diese sogenannte »Akademie« sollte auch lange nach seinem Tod noch fortbestehen und seinen Ruf als größter abendländischer Philosoph festigen. Platon wurde ein Guru. Sein Geburtstag wurde gefeiert wie heute Weihnachten.

## Das Eine und das Gute

In der Spätantike entwickelten Philosophen aus dem Umfeld der Akademie die platonische Ideenlehre weiter. Im dritten nachchristlichen Jahrhundert entstand daraus in Alexandria eine eigene philosophische Strömung. Diese sogenannten Neuplatoniker (der Begriff stammt aus dem siebzehnten Jahrhundert) sollten eine ungeahnte Wirkung haben – nicht nur auf die Philosophie, sondern weit darüber hinaus. Christentum, Judentum und Islam wurden von ihnen beeinflußt. Jahrhundertelang sollte man Platon durch ihre Brille lesen.

Als eigentlicher Begründer gilt ein gewisser Plotin (etwa 205–279 n. Chr.). Einflüsse jüdischer Philosophie, aber auch indische und persische

Vorstellungen sollen auf Plotin gewirkt haben. Er nähert die platonische Idee des Guten und den Begriff des einen Gottes aneinander an: Das Grundprinzip der Welt ist das Eine, Gute. Man kann es nicht sehen oder in Worte fassen, sich nicht einmal vorstellen. Nur über das, was es nicht ist, kann man sich ihm annähern. Ähnlich wie das Wasser in einem römischen Brunnen von der oberen in die unteren Schalen strömt, fließt dieses Eine aus (es »emaniert«). Während das Eine selbst unkörperlich ist, entstehen durch diese Emanation zuerst ein Weltgeist, dann eine Weltseele und dann, nach und nach, je weiter es sich von seinem Ursprung entfernt, die weltlichen Dinge, die Materie, kurz: alles Seiende. Je weiter unten etwas in dieser Pyramide steht, desto stärker ist es der Materie verhaftet, desto weiter vom göttlichen Ursprung entfernt – eine veritable Seinshierarchie.

## Das Streben nach Erkenntnis

Der Mensch hat dabei eine Schlüsselposition: am Übergang vom Geistigen zum Materiellen. Er hat einen materiellen Körper, aber auch einen Geist und eine Seele. Deshalb ist sein Streben nach oben gerichtet, er will zum Einen zurückkehren, sich von der Materie lösen. Aus diesem Streben kommt der menschliche Erkenntnisdrang, der stark wie die Liebe ist. Stufe um Stufe führt er nach oben in Richtung des Einen. Eine endgültige Einheit mit dem Ureinen ist letztlich nicht durch den Verstand möglich, sondern nur durch eine Art intellektueller Liebesekstase.

Obwohl Religion und Philosophie meist kein allzu herzliches Verhältnis zueinander hatten (man denke an die Anklage der Gottlosigkeit gegen Sokrates) waren die Neuplatoniker fast überall gern gesehen. Sie hingen zwar meist der alten griechischen Religion an. Vielleicht aber lag es am »monotheistischen« Konzept des Einen, daß sie auch für das Christentum so attraktiv waren. Besonders der Kirchenvater Augustinus von Hippo (354–430 n. Chr.) übernahm ihre Ideen begeistert und sah anfangs gar das Christentum als Vollendung des Platonismus.

## Negative Theologie

Das war nicht allzu schwer. Die christlichen Neuplatoniker mußten dazu nur das plotinische Eine als den christlichen Gott interpretieren. Die neuplatonische »negative Theologie« (man kann Gott nur über das beschreiben, was er nicht ist) paßte wunderbar zum transzendenten christlichen Gott. Von der Spätantike führt ein direkter Weg zu den christlichen Mystikern. Diese verglichen die mystische Vereinigung der Seele mit Gott mit einer liebenden Schau, einer Art Liebesekstase – bei den Mystikerinnen und Mystikern des Hoch- und Spätmittelalters sowie bei Juan de la Cruz im sechzehnten Jahrhundert nahm dieser Gedanke deutlich erotische Züge an. Ähnlich verlief die Entwicklung in Judentum und Islam.

## Die Gnosis - pures Mystery

Und noch eine mit den Neuplatonikern verwandte Schule lohnt die Bekanntschaft. Ihre Philosophie spricht oft in Mythen und klingt dabei wie ein Mysteryfilm: die Gnosis.

Die Seele gleicht einem in der dunklen Materie gefangenen Lichtfunken. Ihre ganze Sehnsucht: Sie will sich wieder mit ihrem Ursprung, dem Licht des reinen Geistes, vereinigen. Der Leib ist das Grab, in dem dieser Lichtfunke eingeschlossen ist. Wenn er stirbt, steigt die Seele auf zum Mond, wo sich alle Seelen-Lichtfunken sammeln: Der Mond nimmt zu. Nach Vollmond gießt er die Lichtfunken aus zur Urquelle des Lichts – der Mond nimmt ab. So oder ähnlich hören sich die Mythen der Gnosis an.

Die Gnosis (griechisch für »Wissen«) ist eine philosophisch-religiöse Bewegung, die sich in mehreren Höhepunkten und verschiedenen Ausrichtungen bis in die Gegenwart zieht und unter anderem in der modernen Esoterik aufgeht. Ihr Grundgedanke ist bereits bei Plotin angedeutet: Die Materie ist dem Geist unterlegen. Bei den Gnostikern ist das zusätzlich in einen Schöpfungsmythos eingebettet: Ein übelwollender Gott, der sogenannte »Demiurg« (griechisch für »Macher, Handwerker«) hat die Materie geschaffen und die reine Geistwelt dadurch verunreinigt.

Vor allem in der Renaissance sollte die Gnosis bedeutende Denker und sogar Geheimbünde wie die Rosenkreuzer hervorbringen.

Aber zuvor müssen wir noch einmal zurück in die Antike. Denn wir haben noch gar nicht über einen jüngeren Zeitgenossen Platons gesprochen, der genauso berühmt ist. Haben wir etwa Aristoteles vergessen?

# Ordnung muß sein – Aristoteles betritt die Bühne

Es gibt Leute, die alle Menschen in zwei Klassen einteilen: Platoniker und Aristoteliker. Dazwischen gibt es nichts. Von Liebe und geteilten Seelen liest man bei Aristoteles wenig. Statt dessen geht es darum, immer das rechte Maß zu halten. Er ist der Nüchterne unter den Denkern – unbeeindruckt von Ideen und Ekstasen der Erkenntnis. Der Professor, wo Platon der Guru ist.

Dabei ist Aristoteles fast noch präsenter im heutigen Alltag als sein Lehrer Platon. Auch er hat im Zitateschatz Eingang gefunden, zum Beispiel mit »Eine Schwalbe macht noch keinen Sommer«. Er, nicht Platon, ist in gewisser Hinsicht der Erfinder der Metaphysik. Und ganz unbemerkt hat er eine alltagstaugliche Philosophie des Glücks entworfen. Alltagstauglichkeit – vielleicht hat er deshalb nie soviel Glamour verbreitet wie Platon. Aristoteles ist der Mann fürs Praktische.

Weil seine Schüler beim Philosophieren mit ihrem Meister in einer Säulenhalle herumwandelten, nannte man sie »Peripatetiker« – die »Herumwandler«. Einer wandelte allerdings nicht dort herum. Dennoch ist er besonders prominent, wenn auch nicht gerade als Philosoph: Alexander der Große.

Aristoteles, der dafür plädierte, maßvoll zu sein – und der maßlose Alexander der Große? Der Eroberer, der später im Alkoholrausch seinen besten Freund erschlug? Der sich nach persischem Vorbild einen Harem einrichtete und nebenher hübsche Jünglinge hielt? Der seine Kriegszüge nicht einmal abbrechen wollte, als ihm die Soldaten wie die Fliegen starben? Eine brandheiße Kombination. Was hat der jugendliche Prinz nur von seinem Lehrer zu hören bekommen, daß er später so von sich reden machte?

## Philosophische Schubladen

Was immer es war, es wurde sicher sauber ins Reine geschrieben. Aristoteles war ein ordentlicher Mensch. Einer, der alles gern aufgeräumt hat. Alles, was dieser Mann aus dem Provinznest Stageira sagte, klang bodenständig. In seinem unspektakulären Ton wagte Aristoteles etwas Ungeheuerliches: den göttlichen Platon in seine Bestandteile zu zerlegen.

Platon hatte gelehrt, nur die Ideen seien letztlich wahr. Sie seien unveränderlich, alle Einzeldinge nichts als ihr Abglanz: die Schatten der Ideen. Seinem Schüler Aristoteles war das schlichtweg zu abgehoben. Unkörperliche Wesenheiten in einem abstrakten Ideenhimmel sollen wirklicher sein als die Dinge, die man anfassen kann? Aristoteles hat sich sein ganzes Leben lang mit diesem Problem beschäftigt – von den frühen *Kategorien* bis zum Spätwerk, der *Metaphysik*. Er holte die Ideen wieder auf die Erde. Und das geht so:

Was Platon Ideen nennt, sind für Aristoteles zunächst eine Art Allgemeinbegriffe. Etwas, das eigentlich nur in der Sprache existiert. Die Idee bezeichnet außerdem das Wesen bzw. die Form eines Dings. Aber bei Platon sind die Ideen das eigentlich Reale, während die konkreten Einzeldinge nur daran teilhaben (er nennt das Methéxis) können.

Aristoteles sagt: Die »Universalien« (»Ideen«) sind Abstraktionen von Einzeldingen. Sie haben also nur eine Wirklichkeit, wenn es dazugehörige Einzeldinge gibt. Vereinfacht: Die Idee eines Tellers gibt es nur, wenn es auch reale Teller gibt. Idee und Einzelding sind eigentlich eins, werden erst durch die intellektuelle Abstraktion – im Kopf – getrennt. Hatten Plotin und die Neuplatoniker die Ideen bis ins Göttliche verklärt, sind sie bei Aristoteles Begriffe, Handwerkszeug. Nicht eine abstrakte Pferdheit (Universalie bzw. Idee), sondern das konkrete Pferd im Stall (Realie) ist wirklich.

## Der Super-Logiker

Konkrete Dinge nennt Aristoteles »Substanzen«, die man über ihre Eigenschaften, die Akzidentien, bestimmen kann. Schon im Frühwerk ordnet Aristoteles über einen Katalog von zehn Kategorien alle Dinge bezüglich ihrer Substanz (unveränderlich) und ihrer Akzidentien (Eigenschaften). So kann man das Wesen jedes Dings definieren. Individuen kann man damit allein aber nicht erfassen, daher hat Aristoteles in seinem Spätwerk die ganze Theorie noch einmal überarbeitet und ausgeschärft.

Aristoteles ist so logisch, daß man sich manchmal nach Platon und seinen Mythen zurücksehnt. Aber genau das macht ihn so enorm wichtig für das rationale Denken bis in die Gegenwart. Er hat die formale Logik erfunden, eine Art Mathematik für Philosophen: Denkregeln, aus denen klar wird, ob eine Aussage richtig oder falsch ist. Wie definiert man etwas, wie stellt man einen Widerspruch fest, was schließt sich aus? Und wie vor allem kann man Schlußfolgerungen ziehen? Aristoteles will es genau wissen. Wenn zwei wahre Prämissen zutreffen, kann man daraus einen wahren Schluß ziehen. Das funktioniert so:

1. Alle Männer sind Menschen.
2. Alle Menschen sind sterblich.
3. Also sind alle Männer sterblich.

Dieser sogenannte Syllogismus funktioniert natürlich nur, wenn beide Prämissen stimmen und vor allem auch zusammenhängen. Sonst ergeben sich solche philosophisch eher bedenklichen Schlüsse:

1. Alle Brathähnchen haben eine Haut.
2. Sokrates hat eine Haut.
3. Also ist Sokrates ein Brathähnchen.

## Meta und Physik

Besonders bekannt ist Aristoteles aber als der Erfinder des philosophischen Begriffs par excellence: der Metaphysik. Denn dies ist der Titel seines Hauptwerks. Bis heute bezeichnet »Metaphysik« das, was jenseits der physischen Welt liegt (das bedeutet das griechische Wort).

Es verwundert nicht, daß bei ihm auch die gefürchtete Metaphysik recht bodenständig daherkommt. Und doch arbeitet Aristoteles aus dem Werden und Vergehen der Welt etwas heraus, über das sich Generationen von Professoren den Kopf zerbrechen sollten: das Problem von Möglichkeit und Wirklichkeit.

Am Anfang steht eine einfache Beobachtung: Ein Bronzeklumpen kann seiner Möglichkeit (Potenz bzw. »dynamis«) nach einmal eine Apollonstatue werden, ist also der Möglichkeit nach eine Statue. Wenn man ihn bearbeitet, wird er auch in Wirklichkeit zu einer Statue (Akt bzw. »energeía«). Umgekehrt ist die Statue der Möglichkeit nach ein Bronzeklumpen (man kann sie ja einschmelzen bzw. sie war einmal ein Klumpen). Nur die Bronze bleibt Bronze, ganz gleich, ob Klumpen oder Götterbild – das Material ist immer gleich.

Auf Aristotelisch heißt das: Allen Substanzen (ob Bronzeklumpen oder Statue) liegt das Material (hier die Bronze) zugrunde. Aber eigentlich ist es die Form, welche die Substanz ausmacht, denn sie ist das Wesen eines Dings. Ohne Form wird aus dem Klumpen keine Statue. Diese Form kann verwirklicht oder nur möglich sein – je nachdem, ob es eine entsprechende Ursache gibt (einen Künstler), welche den Klumpen zur Statue macht. Die Form ist bei Aristoteles also die auf den Boden der Tatsachen geholte Idee.

## Auf dem Boden der Tatsachen

Gleich vier Ursachen arbeitet Aristoteles heraus, in denen sich die Existenz unserer Statue gründet: das Material (Bronze), die Form (also der »Bauplan«). Dazu kommt das, was diese Form verwirklicht (die »causa efficiens«), hier: der Künstler, und schließlich der Zweck (»causa finalis«), hier: Kultbild des Gottes zu sein. Letztlich, meint Aristoteles, kann man für alles, was existiert, diese vier Ursachen ausmachen.

Jedes Ding strebt nach Selbstverwirklichung ins Vollkommene: Ein Same will eine Pflanze werden, ein Kind ein Erwachsener, unser Bronzeklumpen eine Statue. Kurz: Alles will soviel Möglichkeit wie möglich in Wirklichkeit umwandeln. Auch der Mensch will sich verwirklichen. Wie er das tut – das ist das Feld der Ethik.

## Eine Philosophie des Glücks

Um diese zu entwickeln, betrachtet Aristoteles den Menschen zunächst in seinem natürlichen Lebensraum. Er stellt fest: Der Mensch ist ein politisches Wesen, ein »zóon politikón«.

Er muß in Gesellschaft leben, wer keinen Staat braucht, ist entweder ein Tier oder ein Gott. Wie Aristoteles sich den Staat vorstellt – nein, kein Kommentar. Nach Platon ist den Philosophen zuerst einmal die Lust am Idealstaat vergangen. Und welche Ethik kann ein Philosoph haben, der so charismatisch ist wie ein Finanzbeamter? In seiner *Nikomachischen Ethik* entwirft ausgerechnet Aristoteles etwas, das man ihm eigentlich kaum zutraut: eine Philosophie des Glücks.

Letztlich wollen Menschen glücklich sein, sagte Aristoteles. Alles, was sie vordergründig erstreben – mein Haus, mein Auto, mein Boot – soll nur eines: sie glücklich machen. Dabei gibt es ein Problem: Der Mensch kann vernünftig denken, aber er hat auch Begierden. Im Menschen als vernunftbegabtem Lebewesen strebt die Vernunft danach, sich zu verwirklichen: Welterkenntnis ist der Sinn menschlichen Daseins. Aber zugleich werden wir schwach, beim Gedanken an Häuser, Autos und Boote.

Säuberlich unterscheidet Aristoteles daher zwischen einem Genußleben, in dem es nur um

Geld und Sex geht, einem praktischen Leben, in dem man als Politiker Ruhm und Ehre erlangen will, und dem theoretischen Leben des Philosophen, dem es um die besagte Erkenntnis geht. Da Aristoteles' eigener Beruf hinreichend bekannt ist, erübrigt es sich, zu sagen, welchem Leben er den Vorzug gibt. Das Genußleben siedelt er übrigens ganz unten an: Nur Sklaven geht es allein um Geld und Sex.

Zum wahren Glück führen also weniger Auto, Haus und Boot, sondern Tugenden, vor allem eine: überall das rechte Maß einzuhalten. Bloß nicht übertreiben. Mut ist lobenswert. Wer gar keinen hat, ist ein Feigling, aber wer zuviel davon hat, wird wahrscheinlich nicht lange leben. Man soll nicht einfach zusehen, wie ein Vierzehnjähriger ein altes Mütterlein ausraubt. Aber es ist auch nicht besonders klug, fünf Zweimeterkerle herauszufordern, nur weil sie einen schief angeschaut haben.

Leider ist es eine Eigenschaft vernünftiger Ratschläge, daß sie sich langweilig anhören. Und wo bleibt der Spaß bei soviel Tugend? Nun, meint Aristoteles, der Mann, der seine Konkubine im Testament bedachte: Körperliche Lust und Köpfchen schließen sich nicht aus. Noch kein Philosoph ist von einem guten Essen oder einer romantischen Nacht dumm geworden. Umgekehrt kann Erkenntnis Spaß machen und bedeutet schließlich auch Abwechslung. Man stelle sich vor, man hätte den Rest seines Lebens nichts zu tun als phantastische Menüs zu essen und romantische Nächte zu verbringen. Nach ein paar paradiesischen Wochen geht es einem wie im Schlaraffenland: Vom vielen Essen ist einem schlecht und in den romantischen Nächten geht nichts mehr. Kurz, Aristoteles will sagen: Alles zur rechten Zeit, am richtigen Ort und in der gesunden Dosis. Trotzdem werden wir im nächsten Kapitel einem Aristoteliker begegnen, der ausgerechnet mit einem Sexskandal die Gemüter erregte.

# Vom Universalienstreit zur »Magd der Theologie«

Als Erzieher für eine ebenso hübsche wie keusche junge Adlige namens Heloise war Peter Abaelard (1079-1142) nach Paris gekommen. Im Haus ihres Onkels und Vormunds, Fulbert, hatte er dem klugen Mädchen Privatunterricht erteilt. Und offenbar mehr als das. Denn der gutaussehende Philosophieprofessor hielt es offenbar nur in der Theorie mit der Metaphysik, in der Praxis war er dem physischen Vergnügen nicht abgeneigt: Heloise wurde schwanger.

Der Vormund tobte erwartungsgemäß, ließ sich aber vorerst durch eine Heirat beschwichtigen. Da es Abaelards Karriere geschadet hätte, sich als Mönch zu verehelichen, wollte er die Sache geheimhalten. Das wiederum war Fulbert nicht recht – schließlich hatte er auf der Heirat bestanden, um Heloises Ruf zu schützen. Um die Nichte vom Makel der unehelichen Mutterschaft zu befreien, machte er alles öffentlich. Nun war es an Abaelard, zu toben. Er schickte seine frisch Angetraute kurzerhand als Nonne ins Kloster. Das wiederum erboste Fulbert so sehr, daß er sich durch nächtlichen Überfall revanchierte und Abaelard entmannen ließ.

Wie hatte Abaelard das Mädchen verführt? Womöglich mit platonischer Liebestheorie? Mitnichten. Abaelard war vor allem bekannt für seine vermittelnde Position im sogenannten Universalienstreit. Um zu verstehen, wie es dazu kam, müssen wir kurz verfolgen, wie die Philosophie überhaupt im christlichen Mittelalter angekommen war.

## Das Comeback der Griechen

Während die Platoniker ihren Meister wie einen Gott verehrt hatten, war es bei Aristoteles eher nüchtern zugegangen. So stand dieser zunächst im Schatten seines ehemaligen

Lehrers: Die Neuplatoniker bemächtigten sich seiner. Ihnen lag daran, Platon und Aristoteles wieder zu versöhnen und letzteren als Platoniker darzustellen. Also integrierten sie ihn einfach ins platonische System: Bei der Ausbildung von Studenten diente Aristoteles nun als Vorstufe zur Lektüre Platons. Als Handwerker, der das Werkzeug lieferte, um die platonischen Dialoge zu verstehen.

Das Christentum stellte die antike Philosophie zunächst aufs Abstellgleis. Zuviel daran paßte einfach nicht ins christliche Weltbild. Gleichzeitig jedoch hatte eine andere Weltgegend die Philosophie entdeckt, die sich daran offenbar weniger störte: Im Orient hatte seit dem siebten Jahrhundert geradezu ein Aristoteles-Boom eingesetzt. »Der Philosoph« nannte man ihn dort hochachtungsvoll. Und so kamen die Griechen auf dem Weg über den Orient nach Europa zurück: Aristoteliker wie der Muslim Averroes und der Jude Maimonides (zwölftes Jahrhundert), aber auch die christlichen arabischen Übersetzer brachten sie dem lateinischen

Mittelalter wieder nahe. Platon und Aristoteles waren zurück – und gerieten sich sofort wieder in die Haare.

## Der Name der Rose

Der berüchtigte Universalienstreit im elften und zwölften Jahrhundert wärmte nämlich die Ideenlehre und ihre Kritik wieder auf. Und die Kontrahenten sollten sich bald bis aufs Messer bekämpfen: 1092 wurde ein gewisser Johannes Roscelinus von Compiègne gezwungen, seine philosophischen Thesen zu widerrufen. Seine Position im Universalienstreit ging den frommen Männern entschieden zu weit: Denn Roscelinus vertrat einen radikalen Nominalismus. Was sehr lateinisch und sehr kompliziert klingt, ist uns längst bekannt: Universalien sind nämlich Allgemeinbegriffe – also die von Aristoteles auf den Boden herabgeholten Ideen. Vereinfacht ausgedrückt heißt das: Um zu wissen, was eine Rose ist (es gibt englische Rosen, Moosröschen, weiße, rote, sogar blaue) muß man wissen, was eine Rose zur Rose macht. Man muß ihr Wesen kennen. Das ist bei Aristoteles im Allgemeinbegriff »Rose« ausgedrückt. Umgekehrt sagt Platon: Nur die Idee »Rose« ist wirklich, alle realen Rosen sind nur blasse Abbilder davon.

Roscelinus und mit ihm die Nominalisten verkündeten: Ideen bzw. Allgemeinbegriffe gibt es nur im Kopf des Menschen. Nur das, was man mit den Sinnesorganen wahrnehmen kann, existiert auch – alles andere ist Schall und Rauch: Namen, bloße Namen (aus Latein »nomina« – daher die Bezeichnung »Nominalisten«).

Roscelinus' Gegner war ein gewisser Wilhelm von Champeaux. Wilhelm hielt dagegen: Doch, die Universalien haben eine eigene Existenz. Sie sind real, genau wie die platonischen Ideen (daher nennt man ihn und seine Anhänger »Realisten«). Die Universalien liegen allem zugrunde, eigentlich gibt es nur *eine* wirkliche Substanz, die in allem ist. Individualität ergibt sich überhaupt nur aus den Akzidentien (Eigenschaften) der Dinge. Wilhelms Aristotelismus ist also neuplatonisch: Alle Universalien münden in eine Super-Idee, nämlich das wieder aufgewärmte »Eine« Plotins.

Abaelard, der bei beiden Schüler war, vermittelt: Es stimmt, daß die Allgemeinbegriffe nur im Kopf existieren (Roscelinus). Deshalb sind sie aber nicht wertlose Namen, sondern ihre Wahrheit liegt in den Dingen: Eine Rose heißt ja nicht nur Rose, sondern sie ist auch eine. Die Universalien sind also Abstraktionen des Geistes, um Dinge definieren zu können, aufgrund von Ähnlichkeit und Unterschied.

Das beantwortet die Frage nach den Universalien – die Antwort auf die Frage, wie er mit diesen Ideen Heloise den hübschen Kopf verdrehte, nahm Abaelard allerdings mit ins Grab.

Der Universalienstreit fand indes kein Ende. Jahrhundertelang zerbrachen sich gelehrte Mönche die Köpfe darüber. In der Tat kreist das lateinische Mittelalter im Grunde immer um ähnliche Fragen, wenn es um Philosophie geht. Und fast alle haben jetzt mit Aristoteles zu tun. Bereits im dreizehnten Jahrhundert wurden die Universitäten von Paris und Oxford Vorreiter des Aristotelismus. Albertus Magnus (1200–1280), der später sogar heiliggesprochen wurde, galt als wichtigster

Aristoteliker seiner Zeit. Ein Dominikanermönch von enormen körperlichen Formen, ein gewisser Thomas von Aquin (1225–1274), verleibte Aristoteles endgültig der Kirche ein.

## Glaube und Vernunft

Denn das christliche Mittelalter hatte zwar sein Herz für Aristoteles entdeckt, stand aber vor einem Problem: Verkündeten Philosophie und der Glaube nicht zwei unterschiedliche Weltsichten, die beide Wahrheit für sich beanspruchten? Thomas zog sich aus der Affäre: Glaube und Vernunft befassen sich mit unterschiedlichen Gebieten, stammen aber beide von Gott. Daher können sie sich letztlich nicht widersprechen.

Thomas erwies sich als perfekter Arrangeur antiker Gedanken: Auf Aristoteles und Platon aufbauend, sah er in der Form der Dinge deren Wesen. Dieses wiederum existiert als Idee im Geist Gottes, noch vor der Schöpfung. Thomas entwarf, wie die Neuplatoniker, eine Seinshierarchie: Je weniger Stoff (Materie) und je mehr

Form (Seele) etwas hat, desto weiter steht es oben, Gott als reine Form an der Spitze. Alles strebt weg vom Stoff und hin zur Form, quasi von der aristotelischen Möglichkeit zur Wirklichkeit. Diese Verwirklichung versteht Thomas als Bewegung hin zum christlichen Gott.

## Die Zeit der Gottesbeweise

Die Theologen des Mittelalters hatten die Philosophie handzahm gemacht, sie galt nunmehr als »Magd der Theologie«. Charakteristisch für die Philosophie des Mittelalters, die man später die »Scholastik« nennen sollte, ist: Sie will den Glauben mit den Mitteln der Vernunft unterstützen. Und so ist die Scholastik die große Zeit der Gottesbeweise. Doch kaum hatte der Verstand seine Existenzberechtigung im christlichen System gefunden, rüttelte er auch schon an seinen Ketten.

# Die Humanisten

Die Wiedergeburt (»Renaissance«) der heidnischen Antike sollte jahrzehnte-, ja jahrhundertelang Europa bestimmen. Eine neue Zeit bahnte sich an, in welcher der Mensch das Gefühl hatte, aus dem engen Kosmos des Mittelalters auszubrechen.

Griechenland kam wieder in Mode. Die Antike galt als Vorbild einer gerechten Gesellschaft von gebildeten Menschen. Bildung war die neue Form der Selbstverwirklichung und das Schlagwort der Zeit. Besonders die Disziplinen, die man die »studia humanitatis« nannte, hatten es den Menschen angetan: Poesie, Sprachen, Rhetorik, Philosophie etc. Daher nennt man die Philosophen dieser Zeit »Humanisten«.

Die Lehrergläubigkeit der Scholastik war in Verruf geraten, und die Mängel westeuropäischer Bildung aufgedeckt. Die Humanisten sprachen mehrere Sprachen, oft konnten sie sich auf Griechisch und Arabisch unterhalten. Der »uomo universale«, der universal gebildete Mensch, war ihr Ideal. Sie glaubten nichts, nur weil es ihnen ein berühmter Professor so gesagt hat. In der Begeisterung für den eigenen Verstand trauten sie sich alles zu. So entdeckten sie antike Philosophen wieder, deren Lehren ins vierte und dritte vorchristliche Jahrhundert zurückreichten. Und die haben einiges zu bieten:

Ein gewisser Zenon, der mit seinen Schülern in einer Säulenhalle (»Stoa«) zu philosophieren pflegte, ist der erste. Für Zenon stellte die Welt eine einheitliche Ordnung dar, in der jeder seinen Platz finden und akzeptieren muß. Hier taucht etwas auf, das die Humanisten begierig aufgreifen: das Konzept einer individuellen Persönlichkeit. Außerdem gefiel ihnen, daß die Stoiker mitten im Leben standen: Sie engagierten sich politisch. Die Humanisten nannten das eine »vita activa«, das tätige Leben. Ausnehmend gut gefiel ihnen die stoische Ethik: Hier gibt die Vernunft nämlich vor, was gut oder schlecht ist, nicht die Religion. Und auch die sprichwörtliche »stoische

Ruhe« nehmen sie auf: Um sich selbst zu vervollkommnen und glücklich zu sein, muß man selbstgenügsam (autark), frei von zerstörerischen Leidenschaften (»Apathie«) sein.

Der zweite Philosoph, den die Humanisten wiederentdeckten, ist ein gewisser Epikur. Daß das Christentum mit ihm nichts hatte anfangen können, ist nachvollziehbar: Epikur schiebt nämlich die Götter in eine Zwischenwelt ab, wo sie keinen Einfluß auf die Menschen nehmen. Ansonsten ist er fast in allem das Gegenteil von Zenon, was die Humanisten jedoch nicht weiter stört. Im Verborgenen wollten sie leben, die Epikureer, fern von Ärger und Sorge, in einem Garten, den Tag pflückend (»Carpe diem!«) und genießend. Dazu gehörte übrigens vor allem geistiger Genuß: Philosophieren macht Spaß, fanden die Epikureer. Seelenfrieden (»Ataraxie«) und Lust waren ihr Ziel.

Bald verkündete ein gewisser Lorenzo Valla (1407–1457) offen, er halte die Lust für etwas Positives – genau wie das Wissen. Die Humanisten sahen in den Epikureern einen zweiten Lebensentwurf verwirklicht: die »vita contemplativa«, das beschauliche Leben – zurückgezogen, fern von Verrat und Brutalität des politischen Geschäfts, am liebsten in einer Art säkularer Abtei, wo gleichgesinnte Männer und Frauen der geistigen Erbauung und Freundschaft leben. Freundschaft ist den Humanisten fast so wichtig wie Bildung.

## Die Lust am Menschen

Die Humanisten waren fröhliche Philosophen. Das Glück der Gesellschaft war ihr Ziel. Aber nicht nur der Gesellschaft: Der italienische Dichter Francesco Petrarca (1304–1374) hatte den einzelnen mit seinem persönlichen Erleben in den Mittelpunkt gerückt. Plötzlich zählte das Individuum. Die Humanisten verherrlichten den Menschen geradezu. Sie liebten die Kunst, denn in der Kunst zeigt sich, zu welcher schöpferischen Leistung der einzelne Mensch fähig ist.

Der Mensch – das Lieblingsthema der Humanisten und der Tenor ihrer Ethik. Ein junger Adliger aus der Umgebung von Florenz brachte es auf den Punkt: Der Mensch, sagt Giovanni Pico della Mirandola (1463–1494), ist frei geschaffen. Er steht zwischen Tier und Gott. Ganz allein an seinem freien Willen liegt es, ob er sich bildet und so seine Fähigkeiten verwirklicht – wie ein Gott. Oder ob er nur an seine Triebe denkt und dumpf vor sich hin vegetiert – wie ein Tier. Pico war überzeugt: Alle Religionen und die Philosophie sagen letztlich dasselbe. So können sich Menschen über die Grenzen von Religionen, Hautfarben und Herkunft hinweg verstehen. Friede weltweit!

## Ethik und Macht

Der Humanismus ist für unsere moderne Ethik vielleicht die wichtigste Epoche überhaupt in der Philosophiegeschichte. Die Humanisten forderten eine Würde des Menschen nur aufgrund seines Menschseins ein (also nicht aufgrund seiner Religion, Verdienste, Stand usw.). Sie begründeten die Ethik wieder in der menschlichen Vernunft und machten sie dadurch universal, unabhängig von der Religion. Die modernen Menschenrechte hätte es ohne den Humanismus vielleicht nie gegeben.

In der Praxis sah das manchmal anders aus. Die Renaissance ist extrem. Hochgebildete und kultivierte Menschen waren zugleich zu scheußlichen Greueltaten fähig – wie Cesare Borgia, der Sohn des Papstes Alexander VI. Bekannt wurde er durch Niccoló Machiavelli (1469–1527): Dieser Florentiner Philosoph widmete Borgia die Schrift *Il Principe* – »Der Fürst« –, in der er für eine pragmatische Politik ohne allzu großen ethischen Ballast plädiert. Zwar ist er in seiner Bewertung unmenschlicher Taten als Verbrechen eindeutig, sagt aber, ganz Realist, daß diese manchmal zum Machterhalt nötig und unvermeidbar sind.

## Spekulationen über die Natur

Aber nicht nur die vergessenen Philosophen wurden aus ihrem Dornröschenschlaf geweckt. Der Neuplatonismus kam wieder in Mode, und auch Platon selbst trat durch neue Übersetzungen aus seinem Schattendasein heraus.

Giordano Bruno (1548–1600) nahm den neuplatonischen Gedanke einer liebenden Schau auf: Erkenntnis, meinte er, überkommt den Menschen wie die Liebesekstase plötzlich, nicht vorhersehbar. Mit dem Willen kann man sich ihr nur annähern. Am erstarrten Universitäts-Aristotelismus ließ er kein gutes Haar. Regelrechte Grabenkämpfe zwischen Aristotelikern und Platonikern scheinen in seinen als Dialoge formulierten Schriften durch. Bei allen unbestreitbaren Leistungen des Aristoteles, fand Bruno, sei doch selbst der größte Philosoph nach fast zweitausend Jahren einmal veraltet. Das galt besonders für Aristoteles' Naturphilosophie.

Mit seinen eigenen Spekulationen nahm Bruno viele Entdeckungen vorweg, welche die Naturwissenschaft teilweise erst Jahrhunderte später beweisen konnte. Aber auch als Metaphysiker setzte er Zeichen: Für Bruno ist der Mensch Teil eines belebten Kosmos, der sich in ihm spiegelt wie in einer Spiegelscherbe. Erkenntnis bedeutet daher auch Einswerden mit dem unendlichen Universum – das Gefühl zu haben, daß man das ganze Universum in sich vereint. Ja, die Humanisten lieben den Menschen!

# Die vier Musketiere der Aufklärung

Anno 1625 klirrten Degen in den nächtlichen Straßen von Paris. Zwei junge Männer trieben einander mit kräftigen Ausfällen durch eine verlassene Gasse unweit der Seine. Bisweilen flackerte eine Fackel auf, wenn sie daran vorbeisprangen. Der junge schwarzhaarige Mann mit dem weißen Kragen über dem schwarzen Wams machte plötzlich einen Ausfallschritt. Mit einer eleganten Parade wehrte er einen Angriff seines Gegners ab. Zischend sauste die schlanke Klinge durch die Luft. Der Gegner wich zurück, stolperte über die Ufermauer, im selben Moment bohrte sich der Degen des Schwarzhaarigen in seine Brust. Die schlanke Klinge bog sich, dann zog der Sieger den blutigen Stahl heraus.

## René Descartes

Wäre an diesem Abend nicht der schwarzhaarige junge Mann Sieger des Duells geblieben, die Philosophiegeschichte hätte einen ihrer größten Köpfe verloren: René Descartes (1596–1650).

Er wurde geboren, während Giordano Bruno in der Engelsburg in Rom in Gefangenschaft saß und darauf wartete, als Ketzer verbrannt zu werden. René Descartes war der Sohn eines kleinadligen Gerichtsrats. Nach einem Jurastudium und einer Ausbildung in Fechten, Tanzen und gutem Benehmen führte der Dreißigjährige Krieg ihn nach Prag. Dort lernte der physikbegeisterte junge Mann den Astronomen Tycho Brahe, später in Regensburg auch Johannes Kepler kennen. Schon früh zeigte sich an ihm ein Drang, der ihn sein Leben lang begleiten sollte: ein ausgesprochenes Bedürfnis, alles vernünftig zu erklären. Angefangen hatte der Jesuitenzögling mit Gott. Doch nach dem Inquisitionsprozeß gegen Galileo Galilei verlor er das Interesse an geistlichen Themen. René Descartes sollte als erster großer Skeptiker der Neuzeit in die Geschichte eingehen.

Obwohl er auf Bildern immer ein wenig streng und vom Leben gezeichnet aussieht – den Tod seiner kleinen Tochter hat er nie verwunden –, muß Descartes ein geselliger Mensch gewesen sein. Er pflegte eine lebhafte, europaweite Korrespondenz, mit Gelehrten und gebildeten Damen; seine Bücher waren explizit auch für Leute ohne Universitätsabschluß gedacht. Sein erstes wichtiges Werk veröffentlichte er allerdings anonym: den *Discours de la méthode* von 1637.

## Die Frage nach der Existenz

Und in der Tat, die Inquisitoren wären hier durchaus fündig geworden: Man darf nur das als richtig annehmen, meinte Descartes, was man selbst mit der eigenen Vernunft geprüft hat. Die Natur funktioniert nach Gesetzen, die man mit der Vernunft erkennen kann. Wunder gibt es nicht. Sogar daß er selbst existiert, will Descartes erst glauben, wenn er es bewiesen hat. Schließlich könnte es ja sein, daß einem ein Lügengeist alle

Dinge dieser Welt, einschließlich einen selbst, nur vorgaukelt. Wie aber kann man die eigene Existenz beweisen? Nun, meinte Descartes, wie könnte ich über dieses Problem nachdenken, wenn ich nicht existieren würde? Aus der Tatsache, daß ich mir die Frage nach meiner Existenz stellen kann, folgt: Ich existiere auch. Schon hier formulierte er den Satz, der ihn berühmt machen und den er später immer wieder ausschärfen sollte: »Ich denke, also bin ich« (oder auf Latein: »Cogito, e(r)go sum«).

Der Satz hat seine logischen Probleme, aber er zeigt, was Descartes' Anliegen ist: Alles, sogar die eigene Existenz, muß vernünftig geprüft werden. Descartes ist Mathematiker, und wie die Mathematik funktioniert auch sein philosophisches Denken: Schritt für Schritt, vom Einfachen zum Komplizierten fortschreiten, sorgfältig überprüfen und am Schluß zusehen, daß das Problem auch vollständig gelöst ist.

Ich denke, also bin ich. Aber was bin ich? Descartes unterschied scharf zwischen der Seele, die er sich als unsterblich dachte, und dem menschlichen Körper. Der letztere war für ihn ein gut funktionierender Apparat – ein Wunderwerk der Technik, die perfekte Maschine. Diese Ansicht zu veröffentlichen wagte er zeitlebens nicht. Zu gut wußte er, wie die Kirche reagiert hätte. Die Schrift *De Homine* erschien so erst nach seinem Tod.

## Baruch Spinoza

Im Juli 1656 erschütterte ein Skandal das Judenviertel von Amsterdam. Ein gewisser Baruch Spinoza (1632–1677), ein junger Mann von gerade dreiundzwanzig Jahren, wurde aus der Gemeinde ausgeschlossen. Der Grund: freidenkerische Ansichten, und das, obwohl er noch nicht einmal etwas veröffentlicht hatte. Offenbar war das, was er sagte und las (zum Beispiel Descartes) schon spektakulär genug.

Zunächst hielt sich Spinoza (sein Name verrät, daß die Familie aus Portugal stammte) mit Glasschleifen zur Herstellung von Ferngläsern über Wasser. Doch sein Hauptwerk, der theologisch-politische Traktat (*Tractatus theologico-politicus*), sollte bald illustre Besucher in seine bescheidene Den Haager Mietwohnung locken.

Trotz seiner kosmopolitischen Familie war Spinoza ein Einzelgänger – im Leben wie in der Philosophie. Gerade das machte ihn so interessant. Er war dem Rationalismus eines Descartes verbunden, aber zugleich sah er den Menschen nicht als Maschine, sondern als geistig-körperliche Einheit. Seine Ethik ist geradezu mathematisch in ihrer Diktion, läßt aber die fröhliche Ethik der Humanisten noch durchschimmern. Spinoza war überzeugt: Das wahre Lebensziel erreichen zu wollen bedeutet keine sauertöpfische Pflichtethik, sondern eine tiefe, wahre Freude. Er sah sich im Gefolge von Sokrates und den Stoikern: Tugend macht Spaß. Deshalb, nicht, weil man auf Lohn hofft, soll man tugendsam leben. Wenn man das richtige Gleichgewicht erreicht, lassen die Leidenschaften von selbst nach, und wir erreichen ein Glück, wie es den Stoikern vorschwebte: ohne zerstörende Triebe, im innerem Frieden mit uns selbst.

## Ärger mit der Metyphysik

Mehr als seine Ethik aber trug ihm seine Metaphysik Ärger ein: Denn Gott ist für

Spinoza die unkörperliche eine Substanz, die allem zugrunde liegt. Sie ist die Ursache (»natura naturans«: das hervorbringende Wesen) der Welt (»natura naturata« – das Hervorgebrachte).

Und genau das ist der Stein des Anstoßes: Alle Einzeldinge bestehen aus Geist und Materie. Beide gründen notwendig in der »natura naturans«. Gott ist also für Spinoza unpersönlich: kein Vater, kein Herr, kein Bundesgenosse. Und, fast noch schlimmer: Gott hat gar keine Wahl, ob er etwas schafft. Es passiert einfach, ob er will oder nicht – einfach deshalb, weil er Gott ist. Alles, was existiert, ist Teil eines Ganzen, hinter dem Gott als Weltprinzip steht. Deshalb kann der Mensch ihn auch erkennen: weil ein Stückchen Gott in uns allen ist. Für Christen- und Judentum ist in diesem Pantheismus kein Platz. Für Spinoza sind sie vergängliche Phänomene.

## Gottfried Wilhelm Leibniz

Streng religiöse Kreise verabscheuten an Spinoza vor allem die berühmte Formel »deus sive natura« (»Gott oder auch Natur«, gemeint ist: Das ist ja dasselbe). Die großen Philosophen der Nachwelt hingegen schätzten den Optiker für seine geschliffenen Gedanken. Und Pantheismus wurde die Intellektuellenreligion des achtzehnten Jahrhunderts.

Einen seiner wichtigsten Verehrer hatte Spinoza sogar noch persönlich kennengelernt: Gottfried Wilhelm Leibniz (1646–1716) hatte ihn einmal in Den Haag besucht.

Wenn Descartes, der Jesuitenzögling und Liebling der Damen, dem Musketier Aramis entspricht und das tragische Genie Spinoza D'Artagnan, dann ist Leibniz, zumindest von der Statur her, am ehesten mit Porthos zu vergleichen. Leibniz gilt traditionell als der letzte Universalgelehrte der Aufklärung. Der weitgereiste Philosoph, der an allen Höfen Europas verkehrte, stammte aus einem intellektuellen Elternhaus. Ständig neue Pläne wälzte er in seinem Kopf – morgens, so behauptete er, hätte er schon so viele Einfälle, daß er sie gar nicht alle niederschreiben könne. Wie für alle Aufklärer liegt auch für ihn in der Vernunft der Schlüssel zu einem guten und erfolgreichen Leben. Auch er liebte die Mathematik. Und brachte noch einmal die Monade in Mode.

Der Begriff stammt eigentlich vom Neuplatoniker Proklos. Der Grundgedanke: Die unendliche Substanz (Gott, das Eine) ist in unendlich vielen kleinsten Einheiten, den Monaden, repräsentiert. Giordano Bruno hatte sie mit Spiegelscherben verglichen: So klein und unvollkommen sie sind, in jeder spiegelt sich doch das ganze Bild. Das Kleinste und das Universum sind eins. Wie das Atom beim Vorsokratiker Demokrit ist auch eine Monade unteilbar. Monaden sind sozusagen die neuplatonische Version der Atome: Sie sind nämlich im Gegensatz zu diesen unkörperlich.

Auch Leibniz macht aber keinen grundlegenden Unterschied zwischen Geist und Materie: Es handelt sich nicht, wie etwa bei Descartes, um zwei völlig verschiedene Dinge, sondern um zwei Entwicklungsstadien. Wir erinnern uns an Potenz und Akt bei Aristoteles: Ein Bronzeklumpen ist der Möglichkeit nach eine Statue und umgekehrt. Ganz ähnlich ist es bei Leibniz: Ein körperliches Ding ist der Möglichkeit nach geistig. Geist und

Körper werden von ihm – ähnlich wie in der Seinspyramide der Neuplatoniker – als unterschiedliche Entwicklungsstufen interpretiert. Damit läuft im weiteren Sinne auch Leibniz' System auf einen Pantheismus hinaus. Allerdings nicht ganz so radikal wie bei Spinoza: Denn bei Leibniz steht jede Monade für sich allein und hat keine Wirkung auf andere. Doch hat Gott, die Urmonade, sie so geschaffen, daß sie harmonisch zusammenwirken.

## David Hume

Mit Gott hatte unser letzter Musketier nicht viel zu schaffen. David Hume, als Sohn eines schottischen Adligen geboren, war ein Extrem: äußerlich eher gemütlich, ließ der Highlander unter den Philosophen gedanklich die Köpfe rollen. Denn David Hume war Empirist mit einem Hauch Skepsis, und damit ein natürlicher Feind jeglicher Metaphysik.

Alles Übersinnliche war ihm verdächtig. Den Versuch der Metaphysik, das Unergründliche zu verstehen, hielt er für lächerlich und verlogen. Allein an den Erfahrungen solle der Verstand sich orientieren – daher nennt man diese Art Philosophie auch »Empirismus«: Nur die Sinneseindrücke sind verläßlich, jede Spekulation über Ideen, Monaden und dergleichen ist bloß Humbug. Zwar gibt es Vorstellungen von den Dingen, aber diese sind nichts als die Folge von Sinneseindrücken. Selbst die Persönlichkeit nahm Hume sich vor: Sie ist für ihn keine feste Größe, sondern einfach die Summe der Empfindungen eines Menschen. Das bedeutet, daß es auch keine logische Verknüpfung verschiedener Ereignisse gibt. Wir können glauben, daß der Ball rollt, wenn man dagegen tritt (weil wir es so gewöhnt sind), aber ein Gesetz dafür gibt es nicht.

## Die befreite Vernunft

Hume steht für eine Aufklärung, die sich bereits selbst zum Problem wird. Denn die von der Religion befreite Vernunft gibt nun keine Antworten mehr, sondern wirft nur neue Fragen auf. Ausgerechnet einer, der äußerlich nicht gerade zum strahlenden Helden geschaffen war, rettete sie aus dem Hume'schen Dilemma.

# Fahrplan für den Verstand

Ah, Professor Kant geht nach Hause – stell die Uhr nach, Kind, es ist genau sieben!« So in etwa hätten die Hausfrauen entlang der Spazierstrecke des Professors aus Königsberg reden können. Denn Immanuel Kant (1724–1804) war das Urbild des pünktlichen Preußen. Sein Tagesablauf war durchorganisierter als die Schlachtenpläne Napoleons. Er war einer von denen, die als Gelehrte auf die Welt kommen.

Dieses Bild ist natürlich übertrieben. In seiner Jugend muß der Philosoph sogar gesellig und amüsant gewesen sein, auch wenn sein Humor etwas trocken war. Vielleicht kommt das Stereotyp daher, daß Kants wichtigste Werke entstanden, als er schon sechzig Jahre alt war. Trotzdem, man lese nur seine Bücher! Ellenlange verschachtelte Sätze, beladen mit Ausdrücken, die so schwer verdaulich sind wie gigantische Königsberger Klopse.

Nein, es gibt zwei Dinge, die man einem wie Kant am allerwenigsten zutrauen würde: markige Sprüche gegen Obrigkeit und Priesterschaft, die sogar auf dem Index der verbotenen Bücher landen, und das Wort »Idealismus«. Berühmt seine Definition: »Aufklärung ist der Ausgang des Menschen aus seiner selbstverschuldeten Unmündigkeit«, schrieb sich Immanuel Kant ins Gedächtnis der Menschheitsgeschichte. »Unmündigkeit ist das Unvermögen, sich seines Verstandes ohne Leitung eines anderen zu bedienen. (...) Sapere aude! Habe Mut, dich deines eigenen Verstandes zu bedienen!, ist also der Wahlspruch der Aufklärung.«

## Die Frage nach dem Absoluten

Der Aufklärung ihren Kampfruf verschafft zu haben und einer ihrer wichtigsten Köpfe zu werden – für Kant eher eine Freizeitbeschäftigung. Sein Hauptinteresse galt der Metaphysik, um genau zu sein: der Frage, was alles Wirkliche und auch das hinter dem Wirklichen bewegt.

Kurz: nichts Geringerem als der Frage nach dem Absoluten.

Erst 1781, mit fast sechzig Jahren, veröffentlichte Kant den ersten Teil seiner wichtigen Trilogie: Die *Kritik der reinen Vernunft*, die 1827 auf dem Index verbotener Bücher landete. Es sollten die *Kritik der praktischen Vernunft* und die *Kritik der Urteilskraft* folgen, die ihn zum wichtigsten Denker der deutschen Aufklärung, für manche zum wichtigsten deutschsprachigen Philosophen überhaupt machten.

Bevor wir diese drei Kritiken näher betrachten, müssen wir aber etwas klären: »Kritik« heißt bei Kant nämlich nicht »Herumkritisieren«, sondern »Unterscheidung«, im Sinne der ursprünglichen Bedeutung des griechischen Wortes. Daß fast jedes Wort bei Kant eine Sonderbedeutung hat, macht ihn so schwer lesbar. Von dieser Sondersprache entblättert, ergibt sich ein vielleicht etwas verkürztes, aber sofort viel verständlicheres Bild seiner Philosophie.

Kant geht es um die Möglichkeiten menschlicher Erkenntnis, besonders um die Erkenntnis dessen, was er das Unbedingte nennt. Zu seiner Zeit gibt es zwei philosophische Denkgebäude, die sich mit diesem Problem befassen: einmal die Rationalisten, die den sinnlichen Erfahrungen keinen Wert beimessen (es gibt nur das, was im Kopf stattfindet).

Und zweitens die Empiristen wie David Hume, die nur sinnlichen Erfahrungen Realität zugestehen (es stimmt nur das, was ich anfassen kann). Das erinnert an den Streit zwischen Platonikern und Aristotelikern bzw. an den Universalienstreit. Und wieder einmal ist es die vermittelnde Position, dieses Mal die von Kant, die sich durchsetzt.

Ohne sinnliche Erfahrung, nur mit dem Kopf, kann man nichts wahrnehmen, meint Kant. Andererseits muß der Verstand die sinnlichen Dinge ordnen, sonst bleibt nur ein riesiges Chaos. Das bedeutet: Es gibt »apriorische Erkenntnis« (Erkenntnis, die von der sinnlichen Erfahrung unabhängig ist, die also nur im Kopf stattfindet). Zwei plus zwei gleich vier ist eine solche apriorische Erkenntnis.

Ausgerechnet Kant, der Aufklärer stellte fest: Es gibt auch Grenzen der Vernunft. Die Vernunft kann nämlich keine Dinge beweisen, die nicht einmal vorstellbar sind. Jenseits des Bezugs zum Sinnlichen hat sie keine Wahrheitskriterien mehr, zum Beispiel, wenn sie sich mit Gott beschäftigt. Deshalb verwickeln sich alle Gottesbeweise zwangsläufig in Widersprüche, ein Beweis für Gottes Existenz ist unmöglich. Die Frage ist für Kant aber nicht: Gibt es überhaupt Erkenntnis? Sondern: Wie ist Erkenntnis möglich?

## Die Grenzen der Vernunft

Zuerst einmal sortierte der Professor alles aus, was mit Wissen nichts zu tun hat, sondern Glaube ist. Sorgfältig steckte er die Grenzen der Vernunft ab. Denn es gibt Dinge – wie Gott –, die man glauben, aber eben nicht beweisen kann. Dann suchte er nach einer Methode, durch die man Erkenntnis gewinnen kann, und stellte fest: Urteile verbinden die sinnliche Anschauung und den Begriff, der nur im Verstand existiert. Beide sind gleichberechtigt, ohne Begriff keine

Ordnung, und ohne Erfahrung kein Inhalt. Erfahrungen wiederum machen wir in Raum und Zeit – alles, was wir sehen und erfahren, ist daran gebunden.

Und jetzt kommt das, weswegen man ihn den »Alleszermalmer« nannte: Letztlich, sagt Kant, ist alles, was wir wahrnehmen (er nennt das die »Empfindungen«) subjektiv. Wir nehmen die Dinge wahr, aber nur entsprechend unseren Möglichkeiten. Doch woher sollen wir wissen, ob unsere Wahrnehmung nur subjektive Empfindung ist oder das »Ding an sich«?

Das erinnert ein wenig an Platons Ideen. Nicht umsonst wird Kant häufig bereits dem deutschen Idealismus zugeordnet. Aber Kant ist bodenständiger als Platon und verbannt sein »Ding an sich« nicht in den Ideenhimmel. Man kann verdeutlichen, was er meint, indem man sich einen Hund vorstellt. Ein Hund sieht nur schwarzweiß. Wenn er eine Rose anschaut, sieht er sie hellgrau und nicht so, wie sie wirklich ist (zum Beispiel gelb). Genauso können wir nicht wissen, ob das »Ding an sich« nicht vielleicht auch anders aussieht, als wir es wahrnehmen. Erkenntnistheoretisch sind wir also arme Hunde?

Nein, denn wir haben ja noch unseren Verstand. Schon vergessen? Auch Kant hat seinen Descartes gelesen und weiß: Ich denke, also bin ich. Der selbstbewußte (seiner Selbst bewußte) Verstand ordnet die Empfindungen nämlich nach verschiedenen Kriterien ein – ein »synthetisches Urteil« wird möglich. Dank unserem Verstand sind wir in der Lage, Naturgesetze zu erkennen: Dinge, die wir nicht unmittelbar sinnlich erfahren können. Aus einer Apfelblüte wird immer ein Apfel und nie eine Pflaume. Diese Kausalität ist nur im Verstand erkennbar, jedoch stets nachvollziehbar.

Das ist an sich nicht kompliziert. Würde man hingegen jemanden bitten, dasselbe in einem Satz auf Kantisch auszudrücken, würde es sich in etwa so anhören: »Alles Wissen wird über die transzendentale Reflexion in der transzendentalen Apperzeption verankert.«

## Der kategorische Imperativ

Was ist aber nun mit dem Unbedingten? Selbst wenn es eines gibt, können wir es dann ja gar nicht erkennen! Wozu dann all das Philosophieren?

Doch – es gibt ein Schlupfloch zum Unbedingten. Zwar bringen uns die theoretische Vernunft und die Metaphysik nicht wirklich weiter. Aber Metaphysik ist nicht alles. Denn da ist ja noch die Ethik – die praktische Vernunft. Und da gibt es sehr wohl etwas Unbedingtes, das wir auch als solches erkennen können: einen Imperativ, der nachvollziehbar und unbedingt gültig ist: ein kategorischer Imperativ. Und der lautet: »Handle so, daß die Maxime deines Willens jederzeit zugleich als Prinzip einer allgemeinen Gesetzgebung gelten könnte!« (*Grundlegung zur Metaphysik der Sitten*, 1785).

Was so professoral daherkommt, ist eigentlich unglaublich revolutionär: Zwar nahm Kant selbst noch Gott als notwendig für die Moral an. Doch schon seinen Zeitgenossen ist klar, was aus dem kategorischen Imperativ eigentlich logisch folgt:

Nicht religiöse Vorschriften oder Gesetze sollen dem Menschen Richtlinien für sein Handeln vorgeben – sondern umgekehrt! Der Mensch soll so handeln, daß ER das Vorbild für ein Gesetz sein könnte.

Das bedeutet: Moral und Ethik werden von der Religion getrennt. Man braucht keine Religion mehr, um zu wissen, daß man nicht einfach seinen Nachbarn totschlagen darf. Kants Vernunftethik macht ein Zusammenleben mit anderen Religionen und Völkern überhaupt erst möglich. Nicht umsonst entsteht in der Aufklärung die zweite Auflage der Menschenrechte seit dem Humanismus – der Rechte, die jeder Mensch hat, nur, weil er Mensch ist.

## Freiheit und Pflicht

Für Kant ist der kategorische Imperativ aber noch mehr: Denn er beweist, daß wir freie Lebewesen sind. Wir können nämlich mit unserer Vernunft entscheiden, ob wir ihn befolgen oder nicht. Dank der Vernunft sind wir unseren Trieben nicht einfach ausgeliefert, sondern haben eine Wahl. Freiheit bedeutet für Kant also nicht Freiheit *von* der Moral, sondern Freiheit *zur* Moral. Kants Ethik ist eine Pflichtethik. Seine Freiheit besteht darin, zu erkennen, daß man nicht nur eine Maschine ist, sondern ein Subjekt. Hochtrabend nennt er das »transzendentale Freiheit«. Entsprechend hat er mit dem Begriff »Glück« seine Probleme. Für den strengen Professor riecht Glück nämlich verdächtig nach egoistischer Triebbefriedigung. Selbstzufriedenheit, weil man gut handelt: Das ist das einzige, was man sich Gutes tun kann.

# Gewitter am Ideenhimmel

»Sein Vortrag rauscht daher wie ein Gewitter«, schrieb ein Zeitgenosse über ihn: Johann Gottlieb Fichte (1762–1814), Professor der Philosophie, war ein streitbarer Genosse. Kam Kants aufklärerische Rebellion in eher pedantischem Gewand einher, fand Fichte wahrhaft markige Worte. Wenn man sich einen Philosophen vorstellen kann, der die Marseillaise trompetet, dann ist er es. Und tatsächlich verfaßte er sogar Kampfschriften für die Französische Revolution.

## Das Ich und die Freiheit

Beginnen wir mit dem Thema Sittengesetz und Freiheit. Für Kant war die Erfahrung, daß es ein unbedingtes Sittengesetz (den kategorischen Imperativ) gibt und daß wir darüber frei entscheiden können, das Sesam-öffne-dich zur

Metaphysik. Daß einer wie Fichte, der ständig auf Ärger aus ist, sich mit der Freiheit aus dem kategorischen Imperativ heraus begnügt, kann man nicht erwarten. Freiheit ist für ihn viel mehr als nur die Freiheit zur Moral. Nicht nur die Vorstellungen vom Ding an sich, die Kant'schen Empfindungen, schafft der Mensch. Nein – bei Fichte wird ein Begriff zentral, den der zurückhaltende Königsberger Professor nur im Ansatz erwähnte: das Ich. So zentral, daß Fichte die ganze Welt nur als ein Bild versteht, welches das Ich sich setzt. Warum es das kann? Weil es frei ist!

Durch die Hintertür schleicht sich hier ein alter Bekannter wieder ein: die platonische Idee. Nicht umsonst heißt die geistige Strömung, als deren Gründervater Fichte von vielen betrachtet wird, »deutscher Idealismus«. Allerdings gibt es auch Unterschiede zu Platon. Denn für Platon hatten die Weltdinge durchaus eine Realität, wenn auch nur als Schatten. Für Fichte existieren sie nur in der Vorstellung. Und der gewaltige Querulant geht noch weiter: Alle Dinge sind nur die Tat des Ich, es existiert überhaupt nur das Ich. Warum?

## Höhenflüge des Idealismus

Mit dem Ich hat es etwas Besonderes auf sich. Es ist sowohl handelndes Subjekt als auch passives Produkt der Handlung. Denn es kann sich auf sich selbst beziehen: indem es sich selbst erkennt. Es ist seine eigene Ursache – und damit, meint Fichte, ist es auch absolut. Weil Erkennen ein aktiver Prozeß ist, beschreibt Fichte das Ich als eine »Tathandlung«. Aber wenn alles andere nur Vorstellung ist – wer sagt dann, daß das nicht auch vom Ich gilt? Dann existiert ja letztlich gar nichts! Wer kann soviel Freiheit ertragen?

Doch was für mein eigenes Ich gilt, gilt auch für andere Ichs – das Ich hat Grenzen. Und jetzt wird (der späte) Fichte doch noch religiös: Denn in der Besinnung auf sich selbst erkennt das Ich, daß es doch nicht so absolut ist, wie es dachte. Es gibt nur ein wirklich absolutes Ich, das alles andere hervorbringt: Gott. Damit existiert also nur noch Gott, und der Mensch existiert aus Gott heraus. Und plötzlich sind wir beim Gegenteil dessen angekommen, was der junge Fichte so gewitterdräuend behauptet hatte. Nicht mehr nur das Ich existiert. Sondern nur Gott existiert. Die Welt ist seine Vorstellung, die er sich gesetzt hat: Ein Ich, das erkennt, was es selbst ist, weiß es auch, was es nicht ist: Dem göttlichen Ich steht also ein Nicht-Ich gegenüber. Das ist die Welt. Gott hat sie in absoluter Souveränität gesetzt.

Keine leichte Kost, zugegeben. Das Absolute, das als Einziges existiert und allem wie ein Prinzip innewohnt, beschäftigt alle Philosophen des deutschen Idealismus. Die erste Hälfte des neunzehnten Jahrhunderts wird Zeuge einer – zugegeben etwas veränderten – Wiedergeburt der Neuplatoniker. Allerdings hatten diese den einzelnen vor allem als Teil des Weltganzen gesehen und gering geachtet. Die deutschen Idealisten machen es nun umgekehrt: Im eigenen Inneren glauben sie, Gott zu erkennen!

## Friedrich Wilhelm Schelling

Auch der junge Friedrich Wilhelm Schelling (1775–1854) wollte das. Aber während für Fichte die Welt nur Vorstellung und damit letztlich völlig unwichtig war, hatte Schelling seinen Goethe gelesen. Und war von dessen Naturbegeisterung angesteckt. Vielleicht hatte auch die romantische Lage des Tübinger Stifts, wo er seine Ausbildung erhielt, eine Rolle gespielt – direkt am Neckar, mit eigenem Bootsanlegeplatz, wo man im Morgennebel auf dem Wasser ins Träumen geraten kann.

Für Schelling ist die ganze Natur ein einziger Organismus, der selbst da lebt, wo man kaum Leben vermuten möchte: in Steinen oder Licht, selbst im Nebel über Tübingen. Alles ist in Bewegung, ein stetes Werden. Und wie bei den Neuplatonikern ist die höchste Vollendung der Natur? Erraten: der Geist.

## Der verborgene Gott

Das funktioniert ähnlich wie bei Bruno und Spinoza, nur etwas schwäbischer: Im menschlichen Geist wie in der Natur wirkt dasselbe Prinzip. »Der verborgene Gott« ist in allem. Den Gegensatz von Ich und Nicht-Ich gibt es nicht mehr. Natur und Geist sind gleichberechtigt, sie sind komplementär, Gott ist in beiden. So einfach ist das System des transzendentalen Idealismus. Zur Zeit Schellings war übrigens, wen wundert's, der Pantheismus die beliebteste Intellektuellenreligion.

## Abgrund und Himmel

Aber damit ist Schelling noch nicht am Ende. Denn er hat im Tübinger Stift auch seinen Aristoteles gelesen, ganz besonders die Sache mit Möglichkeit und Wirklichkeit. Das ganze Wirken der Natur und des Geistes hat nämlich ein Ziel: Gott verwirklicht sich darin. Endpunkt dieses Prozesses ist bei Schelling ausgerechnet etwas, das der alte Kant eher stiefmütterlich behandelt hat: nämlich die Kunst. In ihr vereinen sich Natur und Geist, Subjekt und Objekt, Freiheit und Notwendigkeit.

Das klingt alles sehr harmonisch. Aber woher kommen dann die sinnlosen, ja, grausamen Dinge, die ja auch in der Welt sind? Auch von Gott? Ja, sagt Schelling. Unsere christliche Vorstellung vom lieben Gott ist einseitig. Gott ist nicht lieb, auch das Böse kommt von ihm. Er ist eine Art Dr. Jekyll und Mr. Hyde.

Der schöne Schelling, der zeit seines Lebens ein jugendliches Aussehen und seine strahlend blauen Augen behielt, brachte den wichtigsten Gedanken des deutschen Idealismus auf: Gott ist sich selbst entfremdet. Drang und Geist stoßen sich in ihm ab und streben doch wieder zueinander. Im Menschen ist diese Ambivalenz besonders deutlich: Er ist Abgrund und Himmel zugleich.

Indem Gott sich seiner selbst, auch seiner dunklen Seite, bewußt wird, indem er »wird, der er ist«, löst sich die Geschichte schließlich auf ins Absolute. Das ist das Ziel allen Werdens in diesem gigantischen Organismus – dem Universum. Womit wir beim dritten deutschen Idealisten wären.

## Georg Wilhelm Friedrich Hegel

Wen er anfaßte, dem schlotterten alsbald die Gebeine«, urteilte ein Biograph über Georg Wilhelm Friedrich Hegel (1770–1831). Zartfühlende Freundlichkeit scheint nicht gerade die größte Tugend der deutschen Idealisten zu sein. Warum wir uns mit seinem fünf Jahre jüngeren Schulkameraden Schelling aus dem Tübinger Stift zuerst befaßt haben? Weil man sich leichter tut mit dem metaphysischen Giganten, wenn man seinen Freund schon kennt. Und allzu viele Freunde, seien wir ehrlich, hatte Hegel auch nicht.

Schade eigentlich. Denn am Anfang seines Denkens tat er etwas, wofür ihn die meisten Philosophen lieben. Er stellte nämlich fest: Kants Ethik ist zu preußisch, zu pedantisch, zu professoral. Kant tut so, als wäre alles, was Spaß macht, verwerflich. Kurzum: Wenn Sie moralisch leben wollen, müssen Sie sich jede Schokolade verkneifen. Sie müssen mit zusammengebissenen Zähnen durch die Gegend laufen, und immer, wenn Ihnen etwas Spaß macht, haben Sie ein schlechtes Gewissen, denn Sie wissen: Jetzt benehmen Sie sich unmoralisch.

## Die dialektische Liebe

Nein, sagt Hegel, das kann nicht sein. Schließlich gibt es etwas, das sowohl der

Natur des Menschen entspricht, zugleich aber moralisch gut ist. Etwas, von dem allerdings der alte Kant nicht viel verstand: die Liebe.

Liebe ist dialektisch, das bedeutet, sie hat zwei Seiten. Das sich seiner selbst bewußte Ich verliert sich im Geliebten. Aber genau dadurch gewinnt es auch eine neue Qualität: Es lernt sich selber nämlich besser kennen, viel besser als ohne Liebe. Daher ist die Liebe keine Entfremdung vom Ich, sondern eine Synthese: ein Ineinander-Aufgehen. Streit und Versöhnung – das Grundprinzip Hegelscher Philosophie und nachvollziehbar für einen, der seinen Zeitgenossen die Gebeine schlottern ließ.

Und es geht noch weiter mit der Liebe: Sie liegt für Hegel dem Leben insgesamt zugrunde, sie ist das Prinzip des Lebens. Nicht umsonst sind Liebe und die Entstehung neuen Lebens miteinander verbunden. Liebe ist der äußerliche Aspekt, hinter dem ein »unendliches All des Lebens« steht. Der Grund für alles Seiende ist das absolute Leben – kurz, das Absolute. Die Metaphysik ist einfach nicht totzukriegen.

## Der absolute Geist

Auch Hegel suchte also das Absolute, das sich in den Dingen der Welt manifestiert. Das war für den ehemaligen Tübinger Stiftsbruder natürlich Gott, »der absolute Geist«. Das absolute Leben, also Gott, kann man am besten am Beispiel der Liebe verstehen: Hier zeigt sich am deutlichsten, wie die Welt funktioniert. In beiden Liebenden ist das Leben, sie sind in ihrer Liebe eins, aber doch zwei verschiedene Menschen. Dialektik ist das Zauberwort.

Der Vielfalt des Lebens liegt nun letztlich der eine Geist zugrunde. Alles ist geistig, sagt Hegel, die Materie in gewisser Hinsicht Illusion. Und letztlich ist sowieso die ganze Welt ein Prozeß des Sich-Selbst-Bewußtwerdens Gottes, also des Weltgeistes.

Auch Hegels Philosophie hat etwas vom Morgennebel über dem Neckar. Vielleicht entwickelten sich ihre Anfänge tatsächlich in einem gemütlich auf dem Wasser schaukelnden Kahn, wo der junge Philosoph Spinoza las, ins Träumen geriet und hin und wieder sein Spiegelbild im Wasser betrachtete. Denn dieses Sich-Selbst-Bewußtwerden des Weltgeistes funktioniert so: Zuerst träumt der Geist eher unbewußt vor sich hin. In dem Moment, da er sich selbst erkennt, ist er überrascht. Er entfremdet sich seiner selbst – wie ein Kind, das sich zum ersten Mal im Spiegel erkennt. Erst wenn er sich damit abfindet, daß er derselbe ist wie das, was er da vor sich sieht, versöhnt er sich wieder mit sich selbst. Die Geschichte der Welt ist die Geschichte der Selbstentfremdung Gottes und seiner Versöhnung mit sich selbst.

Gott hat also eine Biographie. Hegel ist sein Biograph. Und mehr als das, denn um den Weltgeist zu begreifen, muß man eigentlich der Weltgeist sein. Als letzter Philosoph versetzt sich Hegel kurzerhand in Gottes gespaltene Persönlichkeit. Nichts einfacher als das.

Gott entfremdet sich von sich selbst, daher wird er Welt. Wenn wir die Natur betrachten, betrachten wir Gott aus seiner eigenen, entfremdeten Perspektive. Dabei fungieren Mensch und Natur wie ein Rollenspiel: Der Mensch übernimmt den anschauenden Part in Gottes gespaltenem Ich, die Natur den angeschauten. Die ganze Geschichte, die Welt, das Universum sind nichts als Episoden auf Gottes Weg zu sich selbst. Geschichte ist also ein dialektischer Prozeß, in dem nicht der Mensch, sondern der besagte Weltgeist am Werk ist, der sein Bewußtsein von sich selbst verwirklicht. Wie er zu sich zurückfindet? In der Erkenntnis, daß das alles, was er da sieht, er selbst ist. Und wo findet er das heraus? In Hegels eigener Philosophie!

## Karl Marx

Doch die Kritiker sind ihm auf den Fersen, vor allem einer – ein gewisser Karl Marx (1818–1883). Hegel, so wandte er ein, interpretiert die Welt vom lieben Gott her. Und damit nicht genug, er identifiziert sich ja quasi selbst mit Gott. Das war dann doch ein wenig zuviel des Guten, selbst für den Ahnherrn des Kommunismus. Marx wollte zurück zum Menschen – er nennt seine Philosophie einen »neuen Humanismus«. Der Mensch ist aber ein soziales Wesen, daher muß man die Welt als Welt des Menschen – Staat, Gesellschaft – betrachten, die sich auf der Grundlage gemeinsamer Arbeit entwickelt. Und nicht nur betrachten: »Die Philosophen haben die Welt nur verschieden interpretiert, es kommt aber darauf an, sie zu verändern.«

## Die Aufhebung der Entfremdung

Zu verändern gab es für Marx genug. Er, der in der Zeit der Industrialisierung lebte und das Elend der Arbeiter sah, stellte fest: Die Menschen arbeiten, können aber die Früchte ihrer Arbeit nicht genießen – denn die holt sich der Arbeitgeber. Sie sind ihrer Arbeit entfremdet. Das aber führt auch zur Entfremdung der Menschen untereinander. Das Kapital, von dem nur wenige profitieren, macht Menschen und ihre Arbeit zur Ware. Den Begriff der Entfremdung übernahm Marx von Hegel: Bei Hegel war der Weltgeist sich selbst entfremdet, und in der Aufhebung der Entfremdung lag das Ziel der Geschichte. Bei Marx ist der Mensch seiner Arbeit und seinen Mitmenschen entfremdet. Auch hier liegt das Ziel der Geschichte in der Aufhebung der Entfremdung. Für Marx ist das der Kommunismus.

Hatte Hegel Gottes Selbstverwirklichung als eine einzige Erfolgsstory gesehen, nennt Marx die Dinge beim Namen. Dunkle Seiten der Geschichte gab es genug, und in der Tat haben sich auch die Philosophen durchaus damit beschäftigt. Ganz besonders einer, der auch auf Marx großen Einfluß gehabt hatte: der Spezialist für das Böse.

# Die Welt als Vorstellung

Mit Menschen kam er nicht klar, am wenigsten mit Frauen, was daran liegen mochte, daß er bei ihnen einfach nicht landen konnte: Arthur Schopenhauer (1788–1860) war ein mißmutiger Zeitgenosse. Dennoch war seine Wirkungsgeschichte enorm. Warum?

Wie die deutschen Idealisten war Schopenhauer überzeugt: Die Welt ist nur die Vorstellung, die wir von ihr haben. Anders als Kant aber glaubte er, daß man die Triebfeder – das, was alles bewegt – sehr wohl erfahren könne. Dies sei der Wille. Daher ist die Welt Wille (ihre Antriebsfeder) und Vorstellung (die subjektive Wahrnehmung, die wir von ihr haben): *Die Welt als Wille und Vorstellung* ist auch der Titel seines Hauptwerks. Der Wille ist das, was die Welt in Bewegung hält. Im Vokabular erinnert er ein wenig an die Aristoteles'schen Ursachen oder an Schelling und den Sturm und Drang. Inhaltlich kommt er aber einer ganz anderen Philosophie nahe, der wir bisher in Europa noch nicht so oft begegnet sind: dem Buddhismus.

Schopenhauer hat sich in vieler Hinsicht davon inspirieren lassen. Auch sein Konzept von Freiheit ist dem Buddhismus viel näher als dem deutschen Idealismus: Wir sind zwar frei in unseren Handlungen, nicht aber in unserem Wollen. Das heißt, wir können zwar entscheiden, ob wir unserem Willen *nachgeben*. Aber wir können nicht entscheiden, ob wir den Willen *haben* oder nicht. Auch die Idee, daß nicht nur der Mensch, sondern jedes Einzelding, ja, die ganze Welt, einen solchen »Willen« hat, ein dumpfes, oft sinnloses Streben, ist buddhistisch inspiriert.

Ganz besonders der Geschlechtstrieb steht für dieses Streben, das in seiner Befriedigung nur den Ausgangspunkt für neues Leiden hat. Nur in Kunst oder Askese findet die Seele Ruhe. Denn die Kunst beruhigt den Willen und versetzt den Menschen in eine Art Nirwana. Ganz besonders die Musik ist für Schopenhauer prädestiniert, den Menschen aus dem Teufelskreis des Wollens zu befreien.

Daß ausgerechnet einer wie Schopenhauer, der zu Lebzeiten harsche Worte gegen erfolgreichere Kollegen fand, eine Ethik des Mitleids vertritt, erklärt sich nun logischerweise aus seiner Affäre mit dem Buddhismus: Durch Mitleid – das ausdrücklich auch das gegenüber Tieren einschließt – überwindet der Mensch das egoistische Streben des Willens.

# Philosophieren mit Hammer und Lyra

Friedrich Nietzsche (1844–1900) – darüber ist sich die seriöse Wissenschaft heute einig – hielt nichts von dem ihm oft unterstellten Faschismus. Insofern ist sein *Wille zur Macht* auch keineswegs zu verstehen als Wille, andere zu unterdrücken – dafür wäre der kränkliche Philosoph auch kaum der rechte Mann –, sondern als eine Art Schopenhauersche Triebkraft.

Ein anderes schreckliches Wort, das wir mit Nietzsche verbinden, ist der »Übermensch«. Aber auch das meint nicht den keulenschwingenden blonden Nazi, sondern einen, der sich selbst vervollkommnet. Der Mensch ist für Nietzsche »ein Seil, geknüpft zwischen Tier und Übermensch«. Das kommt uns bekannt vor: ausgerechnet aus der Schrift *Über die Würde des Menschen* des Humanisten Pico.

Er hatte eine rauhe Schale, dieser Nietzsche, aber einen weichen Kern. Hinter seinem Philosophieren mit dem Hammer versteckt sich allzu oft die Lyra eines zartbesaiteten Poeten. Bei Nietzsche hat immer alles (mindestens) zwei Seiten. Das macht ihn so sperrig. Nehmen wir noch einmal den Willen: Ohne Wille auch keine großen Leistungen, keine Kunst, keine Wissenschaft, keine Philosophie. Aber Wille ist auch gefährlich – am meisten für den, der ihn hat.

## Gott ist tot

Was ihn so zerstörerisch macht? Wie vor ihm schon Hegel stellte Nietzsche fest, daß die einstige Verwurzelung des Menschen in der Religion nicht mehr existiert. »Gott ist tot! Gott bleibt tot! Und wir haben ihn getötet! Wie trösten wir uns, die Mörder aller Mörder?« (*Fröhliche Wissenschaft*).

Seither ist es kalt geworden in der Welt – Fortschritt hat seinen Preis. Wir haben den Verstand vom Joch der Kirche befreit, aber das macht auch einsam. Was tun? Jetzt muß der Mensch die

Stelle Gottes einnehmen, als »Über-Mensch«. Kurz gesagt: Gottvater ist tot, wir müssen erwachsen werden. Dieser Gedanke inspirierte unter anderem Sigmund Freud.

## Fröhliche Wissenschaft und neue Moral

Nietzsche ist ein subjektiver Philosoph, widersprüchlich und faszinierend. Einer, der den Menschen zugleich vergöttert und haßt. Der mal getragen ist von einem verheerenden Pessimismus bis hin zum Nihilismus – und dann wieder von überschäumender Lebensfreude. Eine »fröhliche Wissenschaft« wollte er betreiben. »Amor fati«: sich mit dem Schicksal versöhnen, war sein Ziel. Warum müssen Philosophen immer traurig sein? Macht Erkenntnis traurig? Nein – wenn man es nur richtig angeht.

Nietzsche liebte Gegensätze, das Ideal lag für ihn aber meistens in der Mitte. Schon in seinem Frühwerk hatte er zwischen »apollinischer« (rein geistig-verstandesorientierter) und »dionysischer« (rein emotional-triebhafter) Kunst unterschieden. Später sucht er die Moral, indem er die Extreme der »blonden Bestie« (den triebbestimmten Naturmenschen) und dem »asketischen Priester« (den triebfeindlichen Guru) vergleicht. Nietzsche sieht sich als wissenschaftlicher Beobachter, er ergreift zunächst keine Partei. Für die blonde Bestie bedeutet »gut«: stark, lebensbejahend, aber auch die Keule zu schwingen. Sie hat eine »Herrenmoral«. Der asketische Priester hingegen definiert »gut« als schwach, elend und mitleiderregend: eine »Sklavenmoral«. Alles Lebensbejahende ist ihm suspekt, er hat ein »Ressentiment« dagegen. Eigentlich nihilistisch, weil es die alten Werte verneint, ist also das Christentum.

Und was sagt Nietzsche dazu? Sollen wir nun blonde Bestien werden, oder asketische Priester? Nichts von beiden natürlich! Schon vergessen? Das Ideal liegt zwischen den Extremen. Der asketische Priester ist nihilistisch, er macht krank. Die christliche Welt bedarf einer lebensbejahenderen Moral, die Werte des Christentums (gut ist der Schwache, schlecht ist der Erfolgreiche) müssen umgewertet werden. Aber ohne eine gewisse Triebsublimierung gäbe es auch weder Kunst noch Wissenschaft: Blonde Bestien schreiben keine Gedichte. Nur weil wir keine asketischen Priester sein wollen, müssen wir also noch lange nicht die Keule schwingen.

## Existenzphilosophie

Ist Nietzsches Popularität im Nationalsozialismus vor allem auf eine verfälschte Darstellung zurückzuführen, hat er auf die sogenannte Existenzphilosophie mit seinen tatsächlichen Ideen Einfluß genommen:

Als deren Ahne wird eigentlich schon der junge Däne Sören Kierkegaard (1813–1855) betrachtet. Getrieben vom Zwiespalt zwischen eingebildeten und tatsächlichen Sünden, von Liebe zu seiner Dauer-Nichtverlobten und der Panik vor einem normalen Leben, sagte er: Der Mensch ist beherrscht von Angst, das Dasein ist Verzweiflung, eine »Krankheit zum Tode«. Wir sind alle verzweifelt. Es kann sein, daß wir es nicht einmal merken.

Das ist am allerschlimmsten, weil wir dann über unser eigenes Selbst im Unklaren sind.

Oder wir wollen verzweifelt *nicht* wir selbst sein. Im letzten Stadium der Verzweiflung aber wollen wir genau das Gegenteil: verzweifelt wir selbst sein – jetzt gerade! Wir erheben uns trotzig gegen Gott, wie ein Schreibfehler, der sich weigert, korrigiert zu werden.

Der einzige Ausweg für den gläubigen Protestanten Kierkegaard: die Religiosität.

## Erfahrung der Verzweiflung

Auch die spätere Existenzphilosophie ist geprägt von der Erfahrung der Verzweiflung, kurz: dem Gefühl, in der Welt fremd zu sein. In den sechziger Jahren des zwanzigsten Jahrhunderts erkannte man die Existentialisten an ihren schwarzen Rollkragenpullis. Ihr Held war Jean-Paul Sartre (1905–1980). Und der räumte auf mit den Ideen und der Geschichte als Erfolgsgeschichte göttlicher Selbstverwirklichung. Das Wesen des Menschen sind nicht irgendwelche abstrakten Vorstellungen, sondern das Erleben existentieller Erfahrungen: Liebe, Tod, Verzweiflung. »Die Existenz geht der Essenz (also dem Wesen, der Idee) voraus.«

Genau daran hält er sich fest: Ich existiere vielleicht als Fremdkörper in dieser Welt, aber ich existiere! Existentialismus bei Sartre ist eine heroische Philosophie: Der Mensch erkennt sich daran, daß er verneinen kann. Genau das macht den Menschen aber auch frei, denn es liegt in seiner Verantwortung, was er tut. Freiheit ist Bürde und Chance zugleich. »Verantwortung« wird zum Schlagwort des Existentialismus, der sich daher als ein neuer Humanismus versteht. Weg mit Ideen und Göttern! Der Mensch steht wieder im Mittelpunkt des Denkens. Er allein ist verantwortlich, für die eigene Existenz wie für die anderen Menschen. Man wirft also Kierkegaards Rettung in der Religion über Bord und beläßt es bei der Ethik. Bei Gott gibt es keine Hilfe mehr zu holen. Wir erinnern uns: Der ist tot. Und doch wird ja weiter an ihn geglaubt.

# Die Rückkehr der Humanisten

Bertrand Russell (1872–1970), ist als Mathematiker bekannt, als Pazifist und als Religionskritiker. Hinter dem Glauben an Gott sah er vor allem Angst am Werk. Ständig kam er in Konflikt mit der Staatsgewalt: besonders wegen seiner Unterstützung für Kriegsdienstverweigerer und seines Eintretens für die freie Liebe. Russell war ein Allroundphilosoph. »Wer nie eine philosophische Anwandlung hatte, geht durchs Leben und ist wie in ein Gefängnis eingeschlossen.«

## Skepsis und Pragmatismus

Russell war jedoch auch Skeptiker. Er ging nicht so weit, zu sagen, daß es gar nichts gibt. Aber was die Dinge wirklich sind, davon war er überzeugt, das wissen wir nicht. Ähnlich wie Kant, nur mit einem extra Schuß englischer Skepsis meinte er: Naturgesetze kann man durchaus logisch erschließen, es gibt also Erkenntnis jenseits dessen, was wir direkt wahrnehmen. Aber diese logischen Schlüsse sind immer nur wahrscheinlich. Es ist anzunehmen, daß die Sonne morgen wieder aufgehen wird, aber wissen können wir es nicht. Nur logische Grundsätze, mathematische Gesetze, und in gewisser Hinsicht auch Allgemeinbegriffe, sind unbestreitbar (das, was Kant »apriorisch« nannte).

In seiner Ethik war Russell pragmatisch. Es ist nun einmal so, daß der Mensch nach der »Befriedigung der eigenen Wünsche« strebt. Das ist aber nicht schlecht, wie ihm christliche Fundamentalisten vorwarfen. Denn Wünsche zielen nicht nur auf das eigene Glück, sondern durchaus auch auf das von andern, zum Beispiel der eigenen Kinder. Mit Wünschen meint Russell auch nicht nur oberflächliche Triebbefriedigung (selbst wenn er dieser sicher nicht abgeneigt war), sondern vor allem die Übereinstimmung von eigenem und dem Allgemeinwohl. Deshalb fordert er Zusammenarbeit, Liebe und Frieden ein. Denn zum ersten Mal hängt der Fortbestand der Menschheit davon ab, ob Menschen sich der Ethik beugen. Russell hat zwei Weltkriege und den Naziterror erlebt. Als er starb, befinden wir uns im Zeitalter der Atombombe und auf dem Höhepunkt des Kalten Kriegs. Wie muß die Philosophie solch einer Zeit aussehen?

## Moderner Humanismus

Fragen wir Hannah Arendt (1906–1975), die sich von der kleinen Studentin Martin Heideggers zu einer der bedeutendsten politischen Denkerinnen (den Begriff »Philosophin« hörte sie ungern) des Jahrhunderts entwickelt hatte. Als Reporterin nahm sie 1961 am Prozeß gegen Adolf Eichmann teil und prägte das geflügelte Wort von der »Banalität des Bösen«.

Hannah Arendt stammte aus einer deutschen jüdischen Familie und war in die USA emigriert. Mit *Elemente und Ursprünge totaler Herrschaft* hatte sie ein umfassendes Porträt des Nationalsozialismus und des Stalinismus verfaßt – eine systematische Analyse, die vor allem die Rolle der Massengesellschaft für totalitäre Herrschaft beleuchtet: wie Indoktrination funktioniert und warum Terror ein Wesenszug totalitärer Herrschaft ist.

Arendts Denken ist ein moderner Humanismus. Davon sind auch ihre politischen Visionen – etwa ein binationales Israel, das auch die Bedürfnisse der Palästinenser berücksichtigt – geprägt. Kern ihres Denkens ist die Idee des Menschen als freies, selbstverantwortliches Wesen. Die Idee einer Kollektivschuld lehnte sie ab, denn »wo alle schuldig sind, da ist es niemand«. Dabei bleibt sie immer lebensbejahend, denn Arendt denkt den Menschen von der Geburt her und nicht zum Tod hin. In *Vita activa* arbeitet sie heraus: Der Mensch hat die Aufgabe, in Kommunikation mit anderen Menschen die Welt zu gestalten. Ein Neuanfang ist jederzeit möglich. Damit steht Arendt im Gegensatz zu einer ganzen Schule von Philosophen, die sich fragen: Was ist nach Auschwitz überhaupt noch möglich?

# Philosophieren nach dem Unbegreiflichen

In den Augen vieler war an den Straßenschlachten der Außerparlamentarischen Opposition von 1968 die Philosophie schuld. Ganz besonders einer: Theodor W. Adorno (1903–1969). Mit seinem Aufruf zu Mündigkeit und Widerspruch galt er als geistiger Brandstifter. Daß er mittlerweile selbst von seinen Studenten beschimpft wurde, weil er ihre Gewaltbereitschaft kritisierte, spielte keine Rolle. Der Philosoph und die Staatsgewalt – keine Liebesgeschichte.

Eine Frage war ihm besonders wichtig: Wie kann eine Philosophie nach dem Holocaust aussehen? Kann man das Trauma Auschwitz überwinden? Wie kann man, nach dem, was geschehen ist, überhaupt noch philosophieren?

Das Unbegreifliche begreifen – diese Aufgabe stellte sich Adorno schon früh. Im Dritten Reich war er in die USA emigriert. Dort entstand, gemeinsam mit Max Horkheimer, das Hauptwerk *Dialektik der Aufklärung*. Nach dem Krieg widmete sich Adorno zusammen mit Horkheimer dem Wiederaufbau des Frankfurter Instituts für Sozialforschung. Diese Zeit gab der »Frankfurter Schule« ihren Namen. Neben Horkheimer und Adorno gilt Jürgen Habermas als dritter Kopf dieser Schule. Ihre Sozialphilosophie wird in Anlehnung an Adornos Werk als »Kritische Theorie« bezeichnet.

## Dialektik der Aufklärung

Mit Marx und Arendt meinte Adorno, Philosophen sollten nicht abgehoben im Denkerstübchen vor sich hindenken, sondern aktiv eingreifen, um die Menschlichkeit nicht aus den Augen zu verlieren. In der *Dialektik der Aufklärung* wird das geflügelte Wort von der »Entzauberung der Welt« geprägt: Die Aufklärung wandte sich gegen die Religion und entzauberte so die Welt. Die rationale Erklärbarkeit befreite den Menschen von Furcht und ermöglichte es ihm, die Natur zu beherrschen. Doch die Vernunft hat zwei Seiten: Sie befreit nicht nur aus der Unmündigkeit, sondern ermöglicht auch unheilvolle Rationalität, bis hin zur industriellen Massenvernichtung in Auschwitz.

Das Absolutsetzen der aufklärerischen Logik führt dazu, daß die Natur und letztlich auch der Mensch zum Objekt werden. Denn diese rein »instrumentelle Vernunft« dient dazu, zu herrschen. Alles, selbst Kultur, wird zur Industrie. Kreativität spielt keine Rolle mehr, die Massenkultur liefert gleichgeschaltete, rein am kommerziellen Erfolg ausgerichtete Ware, der Mensch wird zum Konsumenten. Aber wenn alles industrialisiert wird, dann ist es auch nicht mehr weit zur Industrialisierung des Tötens: Die industrielle Massenvernichtung ist das letzte, schrecklichste Kapitel der Aufklärung.

So rief Adorno seine Studenten zu mündigem Denken und gegebenenfalls auch Widerspruch auf. Die Vernunft, die einst den Menschen aus seiner selbstverschuldeten Unmündigkeit befreien sollte, pervertiert und führt ihn genau in diese

Unmündigkeit zurück: die Unmündigkeit der Massengesellschaft.

## Das Prinzip Verantwortung

Ist dies das Ende der Philosophie? Fragen wir einen letzten zeitgenössischen Philosophen: Hans Jonas (1903–1993). Denn er ist der Autor eines Buches mit dem vielversprechenden Titel *Das Prinzip Verantwortung – Versuch einer Ethik für die technologische Zivilisation*.

Offenbar können wir es doch nicht lassen, unseren potentiell verderblichen Verstand zu gebrauchen. Jonas meint: Das macht auch nichts, wir müssen nur verantwortungsvoll mit dieser Gabe umgehen. Ob wir mit einem Hammer ein Haus für einen Obdachlosen bauen oder ihn damit erschlagen, liegt in unserer Verantwortung. Kurz gesagt, es ist noch einmal Zeit für einen kategorischen Imperativ, dieses Mal einen ökologischen: »Handle so, daß die Wirkungen deiner Handlungen verträglich sind mit der Permanenz echten menschlichen Lebens auf Erden.« Und nicht nur des menschlichen. Für Jonas bilden bereits die einfachsten Formen der Natur den Geist vor, während umgekehrt das Geistige, und sei es noch so abgehoben, immer Teil des Organischen bleibt. Die Natur, ob Geist oder Materie, ist letztlich verbunden. Beide hängen zusammen, sind eine Schicksalsgemeinschaft. Der neuplatonische Einfluß ist nicht zu verkennen. Jonas spekuliert aber nicht nur, er ist immer über den aktuellen Stand der Naturwissenschaft informiert. Und er kommt zu etwas, das ganz von ferne an Hegel erinnert, mit einem existentialistisch angehauchten Schluß: Gott hat die Welt geschaffen und dadurch seine Allmacht aufgegeben – die Weltschöpfung ist ein Akt bewußter göttlicher Selbstentäußerung. Alles, was geschieht, bereichert Gottes Selbsterfahrung, im Guten oder Schlechten. Aber er kann nicht mehr eingreifen.

## Die Philosophie der Zukunft

Die Philosophie der Zukunft, davon war Jonas überzeugt, kann dies nicht ignorieren – Hegelsche Weltträume im Morgennebel über dem Neckar können nicht mehr ihr Ziel sein.

Jonas sieht eine tiefe Entzweiung zwischen Welt und Ich: Er ist fasziniert von der spätantiken Gnosis. Überzeugt von der Dialektik der Aufklärung, kehrt er zurück zum Mythos – ohne den technischen Fortschritt aus den Augen zu lassen.

Zurück zum Mythos? Sind wir wieder in der Antike angelangt? Erinnern wir uns an Sokrates: Ich weiß, daß ich nicht weiß – eine Antwort gibt es nicht. Aber braucht das Staunen denn eine Antwort? Wo immer er sie sucht, der auf seine Gesundheit bedachte Philosoph sollte jedenfalls das Beispiel des Thales vor Augen haben: den Boden nicht aus den Augen verlieren. Gerade, wenn er nach oben blickt – in die Wolken.

ISBN 978-3-85179-054-2



3. Auflage 2013



Covergestaltung: Christina Krutz, Riedstadt
Layout und Satz: Christine Paxmann text • konzept • grafik,
München
Gedruckt in der EU

www.thiele-verlag.com